「感情が伝わる」言葉の辞典

日本の言葉研究所

大和書房

はじめに

書き言葉のコミュニケーション力を上げる

今、かつてないほど、文章が人と人を結んでいます。

SNSをはじめ、ブログやメールなどの普及により、文面での伝達や発信が盛んになりました。それに伴い「書き言葉」で感情表現をする機会が増え、文章を人に見せること、また、受け手として触れることも多くなったのではないでしょうか。

そういう意味では「書き言葉のコミュニケーション」が、これからさらに大切にされていくように思います。

先程紹介したように、私たちが文章を書くときに使うのは「書き言葉」、これは文語とも言います。これに対して日常の会話で使われるのは「話し言葉」、口語です。

現代では双方の垣根が低くなり、文章で話し言葉が使われるケースも日常的になりました。あまり窮屈に考える必要はありませんが、やはり、TPOや受け手との関係などを意識して、上手に言葉の使い分けができれば理想的ではないでしょうか。

特に、改まった言いまわしは、普段使い慣れない分、気恥ずかしかったり、物怖じしたりする場合もあります。ところが、文章はそのハードルをぐっと下げてくれます。

例えば、相手の好意や心遣いに感謝する意味の「痛み入る」や「忝（かたじけな）い」（↓P123）も、口で言うのは躊躇しそうですが、文章なら多くの人が違和感なく使えるでしょう。受け手側も書き手の真摯な姿勢や深い感謝を、言葉の向こうに感じとるはずです。

また、どうしても書き言葉は、語彙の不足からワンパターンな言いまわしになりがちです。これは日頃から文章を書き慣れている方も、同じ思いかもしれません。

例えば、絶景に感動したときも「感激した」「やばい！と思った」など、ありきたりやくだけた表現に走りがちです。それを「心が震えた」「胸に迫るものがあった」（↓P15）とすれば、その瞬間に芽生えた感情を等身大で伝えられるのではないでしょうか。

知人の結婚披露宴で花嫁の衣装を「キラキラのドレスがきれいだった」と表現するよりも、ひと言「目もあやな花嫁衣裳でした」とすれば、優しい響きと柔らかな語感に、文面が上品になります。ちなみに「目もあや（↓P19）」は、まぶしいほど立派な様子を言う大和言葉です。

本書では175のテーマ別に約700の言葉を紹介しています。さらに、それらの言葉の同義語や類語も合わせ、およそ1200語を一冊にまとめました。

いずれも「心に響く」「実感がこもる」「まっすぐに伝わる」「感じよく届く」「美しい」「印象的」「インパクトがある」、そんな目安で選んだ粒よりの言葉ばかりです。

大和言葉、古語、オノマトペ、俗語や現代語まで含め、喜怒哀楽の感情を豊かに表現する「生きた言葉」が紹介されています。

メールやSNS、伝言メモ、一筆箋、手紙などで「今度、こんな言葉を使ってみよう」。そんな気軽な気持ちで活用いただけると幸いです。あわせて、表現力や語彙力がアップすれば、なお、幸甚です。

［本書の使い方］

- 本書は普段よく使う言葉をページの右側に置き、その言い換え、同義語、類語などを「心に響く言いまわし」として、ページ左側で紹介しています。
- 解説では、それぞれの言葉の意味合い、成り立ち、印象、効果的な使い方などを紹介しています。
- 解説の中にも太字（ゴシック体）で同義語や類語を載せています。これは言葉の選択肢を広げるとともに、語彙を豊かにするためです。
- 言葉の用法の一例として、例文も添えました。

第一章 感動 喜び 楽しさ

一瞬のときめきをそのまま伝える

感動

喜び

楽しさ

第二章　悲しみ　苦しみ　不安・悩み
心のつぶやきを伝える

悲しみ

苦しみ

第二章 愛情　感謝　敬意

温かい思いをさりげなく伝える

愛情

第五章 ほめる 励ます 謝る
寄り添う気持ちを謙虚に伝える

ほめる

共感をよぶ　いいね！フレーズ

第一章

感動 喜び 楽しさ

一瞬のときめきをそのまま伝える

「感動した」「感激」「いいね」

最高の喜びをストレートに伝える

心を動かされた衝撃が大きいほど、その気持ちの丈を伝える言葉が見つかりにくいものです。

「感動」や「感激」といった表現もストレートでいいのですが、少し言いまわしを工夫すれば、思いの熱量をそのまま相手に伝えられます。けっして大仰ではありませんが、しっかり胸に届くフレーズを紹介します。

心に響く言いまわし1

心を揺さぶる

こんなとき……

心を揺さぶる演奏に、思わず目頭が熱くなった。

心が強く揺り動かされた様を表現します。ズシンと胸打つ感動で、感性の針が大きく振れたような、力強いニュアンスが伝えられそうです。**心を打たれる**、も同じような状況や場面で使います。

心に響く言いまわし2

圧巻（あっかん）

こんなとき……

圧巻のクライマックスに、場内からどよめきが起こった。

他を圧倒する出来栄えの作品や、その一部分を称える言葉です。映画や演劇、音楽などの感想に用いれば、力強い語感が文章を引き締めます。**傑出**、**出色**、も同じような場面で使えます。

心に響く言いまわし3

胸（むね）に迫（せま）る

こんなとき……

その献身的な働きぶりは、胸に迫るものがあった。

思いや感情がぐっと押し寄せて、胸がいっぱいになる様子を表します。「感動しました」よりも、豊かな感受性と深みを感じさせそうです。さまざまな思いが去来して感慨にふけるのが**万感胸に迫る**。

心に響く言いまわし4

感極（かんきわ）まる

こんなとき……

温かいスピーチに、感極まって泣き出す人もいた。

これ以上ない感激を表現します。心が感動で満たされ、思わず言葉に詰まるような状況にふさわしいフレーズです。**心の琴線に触れる**、**熱いものがこみ上げる**、といった言葉でも言い換えられます。

「興奮する」「心臓バクバク」「熱狂」「やばい」

「興奮」や「熱狂」をさまざまに

興奮状態にある場の空気感を的確にとらえ、リアルに伝える言葉を選びましょう。「高ぶる」は主に個人の心情を表すときに、その他のフレーズは集団が熱狂する様を描くときによく使われます。

感情の大きな揺れをうまく伝えながらも上滑りせず、大げさにもならないフレーズです。

心に響く言いまわし1

沸き立つ

こんなとき……

大逆転にスタジアムが沸き立った。

興奮して騒然となること。「熱狂する」という表現が繰り返されるようなとき、目先を変える言い換えのひとつです。その場がまさに湯が沸騰するような熱気に支配される、そんな臨場感を持った言葉です。

心に響く言いまわし2

色（いろ）めく

こんなとき……

ビッグカップルの結婚発表に、場内が色めいた。

緊張や興奮で騒然とした雰囲気になること。その場の空気を一瞬で塗り替えるような、動きのある様子を表すのにぴったりなフレーズです。こうした動揺の起こり始めは**色めき立つ**、と言います。

心に響く言いまわし3

高（たか）ぶる

こんなとき……

あまりの幸運に、高ぶりを抑えられなかった。

気分や感情が高まり、興奮した状態になる様。字面のとおり、ストレートでわかりやすい表現になります。感動や喜びによる気持ちの高揚のほか、極度の緊張で「神経が〜」などと用いる場合も。

心に響く言いまわし4

ボルテージが上（あ）がる

こんなとき……

観客のボルテージが上がり、競技場は興奮のるつぼと化した。

本来は電圧のことですが、興奮の度合いや熱気、といった意味で使われることが多いようです。スポーツ観戦やライブ会場の雰囲気を伝える場合などに。**ヒートアップ**、も同じニュアンスです。

「ハンパない」「最高」「最上」

「最高」「最上」を大人の言いまわしで

日常の会話や文章の中でよく使う「最高」や「最上」といった言葉を、品格や落ち着き、温かさなどを感じさせる、耳新しい言葉に換えて届けましょう。

心に響く言いまわし1

このうえない

こんなとき……

このうえない味わいの料理でした。

大和言葉特有のソフトな語感が印象的。「最高の」「最上の」よりも、穏やかで上品な印象を与えるでしょう。

心に響く言いまわし2

無類（むるい）

こんなとき……

蔵書に埋もれて暮らす無類の本好き。

比べるもの（人）がないほど、抜きんでて優れていること。第三者の人柄や、趣味嗜好に言及するような場合にも。

心に響く言いまわし3

いたく

こんなとき……

何気ないひと言に、いたく感激した。

あまりに嬉しくて落ち着きがなくなったり、興奮したりする様子です。**天にも昇る心地**、と表現することも。

心に響く言いまわし4

至高（しこう）

こんなとき……

至高の域に達した芸術作品。

「最高」と同じ意味ですが、こちらのほうが言葉として新鮮で、落ち着きも感じさせます。「～の技」など。

「目もくらむ」「キラキラ」「煌（きら）めき」

きらびやかな美しさを多彩に表現

華やかに光り輝く光景や物、人物などを、美しい語感や響きを持った言葉でさらに素敵に言い表しましょう。独特の空気感を届けられます。

心に響く言いまわし1

めくるめく

こんなとき……

めくるめくような甘い体験だった。

めまいがする、魅せられて理性を失うといった意味を持つ言葉です。思わず我を忘れるほどの感動を伝えるときに。

心に響く言いまわし2

目（め）もあや

こんなとき……

目もあやなウエディングドレス。

まぶしいほどに美しく、立派な様子のこと。大和言葉のやさしい響きが、きらびやかな女性の姿を表すときに最適。

心に響く言いまわし3

絢爛（けんらん）

こんなとき……

絢爛たる衣装で花嫁が入場した。

華やかで美しいこと。きらきらと光り輝くような美しさです。豪華絢爛と言えば、贅沢で華やかな様です。

心に響く言いまわし4

燦然（さんぜん）

こんなとき……

凍てつく夜空に燦然と輝く星たち。

きらきらと光り輝く様や、はっきり鮮やかな様子。宝飾品や星座などの形容によく用いられます。

「おめでとうございます」「お祝い申し上げます」

改まったお祝いの言葉

結婚や出産、新築や昇進など、お祝い事での改まった言葉を紹介します。フォーマルな文面でも使える言いまわしで、相手に敬意を表しつつ、大きな喜びの気持ちも伝えましょう。

「心祝い」だけは、近しい間柄のみに通用する、温情のこもったフレーズです。

心に響く言いまわし1

ご同慶(どうけい)の至(いた)り

こんなとき……

無事にご出産とのこと、ご同慶の至りです。

相手の慶事が自分にとっても喜ばしいことである、という思いを込めた祝福の表現。結婚や出産、昇進などのお祝いに。フランクな間柄なら、**わがことのように**、という言いまわしもできます。

心に響く言いまわし2

欣快（きんかい）

こんなとき……

秋にご結婚と聞きました。
まさに欣快の至りです。

とても嬉しく、快いこと。相手のお祝い事に対して、喜びの気持ちを表す常套句です。慶事全般に使えるので、覚えておくと重宝します。「〜に堪えない」「〜に存じます」といった用法で。

心に響く言いまわし3

慶賀（けいが）

こんなとき……

立派な新居を建てられ、
誠に慶賀に堪えません。

祝賀と同じ意味で、喜び祝うことです。この言葉も「〜を慶賀する」「慶賀を述べる」など、おめでたい状況でよく使われます。「慶賀に堪えない」が少し改まると、**祝着至極に存じます**、に。

心に響く言いまわし4

心祝い（こころいわい）

こんなとき……

この度はおめでとう。
心祝いにバラの花を
送ります。

形式にこだわらない、ささやかな祝いのこと。親しい間柄の内輪の慶事、喜びの品を贈るときなど「心祝いとして」のひと言を添えてみては。優しい語感が、温かい気持ちを伝えます。

「超嬉しい」「めちゃくちゃ幸せ」

最上の喜びを言葉にする

「非常に喜んでいます」という気持ちを、相手にアピールするときのフレーズです。

心情としては「超嬉しい」が正直なところですが、伝える相手によっては言葉選びが必要です。そこで感情を抑えた好印象の言いまわしや、目上の人への改まった言葉を紹介します。

心に響く言いまわし1

舞(ま)い上(あ)がる

こんなとき……

まわりからおだてられて、つい舞い上がってしまった。

嬉しさのあまり、羽目をはずしてしまった人を表すときに。喜んでいい調子になる、と言う意味です。足元が浮き立ち、我を見失った様が語感から伝わります。**躍り上がる**、**小躍りする**、も同じ意味です。

心に響く言いまわし2

喜(よろこ)びに堪(た)えない

こんなとき……

ありがたいお言葉をいただき、喜びに堪えません。

抑えることができないほどの喜び、つまりこれ以上ない歓喜の気持ちを指します。相手から受けた恩義や心遣いに対して、最上級の感情表現で応えます。さりげなくしたいときは、**何よりの喜び**、でも。

心に響く言いまわし3

光栄(こうえい)

こんなとき……

立派な賞をいただき、光栄に感じています。

ビジネス上の会話でもよく使われます。人からほめられたり、認められたりして、名誉に思うこと。「〜の至り」「身に余る〜」などはよく目にする用例です。喜びを謙虚に受け止める気持ちが表れます。

心に響く言いまわし4

幸甚(こうじん)

こんなとき……

早めにお越しいただければ、幸甚に存じます。

大変ありがたい、無上の幸せ、といった意味です。多くは目上の人への依頼や、要望を伝えるときに用います。「恐縮ですが…」という気持ちを含ませて、「〜です」「〜の至り」のように使います。

「運がいい」「ツイてる」

日常のラッキーをさりげなく

暮らしの中で感じるささやかな幸運を、状況に応じた言葉で表現しましょう。

「運がいい」「ツイてる」といった喜びを声高に表すのではなく、いずれも穏やかに、品よく伝えます。

こうしたフレーズを自在に使いこなすと、語彙の豊かさも感じさせます。

心に響く言いまわし1

折(おり)よく

こんなとき……

迷っているところへ、折よく友人からの誘いがあった。

タイミングよく、都合のいい事態が起きる様。大喜びするほどではなく「ちょうどよかった」と感じるような出来事に。**幸いにして**、**間がいい**、などと言い換えることもできます。反義語は**折悪しく**。

心に響く言いまわし2

もっけの幸い

こんなとき……

式典が明日に延びたのが、もっけの幸いでした。

考えもしなかった幸せや、思わぬ幸運のこと。思いもしない展開から、自分に都合よく事が運んだときなどに使います。**棚から牡丹餅**、といった言い換えも。「もっけ」は「勿怪」と書き、物の怪のこと。

心に響く言いまわし3

めぐり合わせ

こんなとき……

ここで偶然再会したのも、何かのめぐり合わせです。

日常会話の中でも「めぐり合わせがよかった」などと耳にします。たまたまそうなることを言いますが、そこに運命や縁といったものを感じさせる言葉でもあります。**まわり合わせ**も同じ意味です。

心に響く言いまわし4

幸先

こんなとき……

急に天候が回復して、幸先よく出発できた。

前兆、前触れのこと。何かを始めるときに、その事がうまくいきそうな感じをもたらす出来事です。どこかホッとする語感では。「茶柱が立って～がいい」「～のよい知らせ」などと使います。

「うきうき」「有頂天」

弾むような心の高まりを

嬉しさや期待感に心が弾むような、とびきりの高揚感を伝えましょう。「うきうき」ではくだけ過ぎかな、というときに使える言いまわしを紹介します。

心に響く言いまわし1

心躍る（こころおどる）

こんなとき……

心躍るひとときを過ごす。

そわそわするような、浮かれた気持ちを表す言葉です。**心が弾む**、**胸が高鳴る**、**胸をふくらませる**、も同じ意味。

心に響く言いまわし2

嬉々（きき）

こんなとき……

嬉々として遊びまわる子どもたち。

喜びいっぱいで、心から楽しそうな様子。子どもの遊ぶ姿や、趣味に興じる人などを表現するのに最適です。

心に響く言いまわし3

浮き立つ（うきたつ）

こんなとき……

浮き立つ思いで家路を急ぐ。

あまりに嬉しくて落ち着きがなくなったり、興奮したりすること。飾り気のない語感ながら、心の躍動を感じます。

心に響く言いまわし4

いそいそ

こんなとき……

朝早くからいそいそと出かけて行った。

大きな喜びや期待のため、動作に嬉しさがあふれている様。逸る（はやる）気持ちが伝わってくるようです。

「ニコニコ」「小さな喜び」

あふれる喜びをとらえる

心の内からにじみ出るような、小さな喜びの瞬間を表した言葉たち。「ニコニコ」とひとくくりで表現しがちですが、じつはさまざまなトーンがあります。

心に響く言いまわし1

頬（ほほ）がゆるむ

こんなとき……

幼な子の笑顔に、頬がゆるむ。

喜びが表情にあふれ出す瞬間をとらえた言葉。幸せの一瞬が目に浮かぶようです。**口元がゆるむ**、も同じ意味。

心に響く言いまわし2

目（め）を細（ほそ）める

こんなとき……

じゃれ合う子犬たちに目を細める。

「ニコニコする」よりも、対象に向けられた手放しの愛情ぶりが伝わります。ほほえましい光景にぴったりの言葉。

心に響く言いまわし3

目尻を下げる

こんなとき……

思いどおりの結果に、目尻を下げた。

満足気に笑みを浮かべること。そのにやついた表情には、好色そうな顔つきをする、といった意味もあります。

心に響く言いまわし4

綻（ほころ）ぶ

こんなとき……

緊張で張りつめていた顔が綻んだ。

表情を「ゆるめる」ことを「綻ぶ」と言い表しています。とくに、堅い表情から笑顔へ、場面が一転するようなときに。

「にっこり」「満面の笑み」

心からの満ち足りた笑顔

目元や口元でつくる笑みではなく、顔じゅうで笑っている様子をそのまま伝えましょう。心の底からの喜びが、ピュアな形で表れた「幸せの顔」です。

心に響く言いまわし1

相好（そうごう）を崩（くず）す

こんなとき……

孫たちが揃い、祖母は相好を崩した。

笑顔で心から喜ぶこと。喜びが自然と湧き出し、表情に表れた様です。相好とは顔かたち、顔つき、表情のこと。

心に響く言いまわし2

白（しろ）い歯（は）を見せる

こんなとき……

安心して、白い歯を見せていた。

同じ笑顔でも、心を許した相手に見せる笑い顔、といったニュアンスがあります。満面の笑みのイメージです。

心に響く言いまわし3

破顔（はがん）する

こんなとき……

彼が破顔すると場の空気が和んだ。

顔をくしゃくしゃにした、心からの微笑みが表現できます。顔を綻ばせて、にっこり笑うことは**破顔一笑**。

心に響く言いまわし4

喜色満面（きしょくまんめん）

こんなとき……

喜色満面の様子で成果を報告していた。

嬉しさを顔いっぱいに表すこと。喜びに満ちあふれた表情がいきいきと伝えられ、幸せな気分まで伝わりそうです。

喜び

「ほっとする」「安堵（あんど）」「安心」

弾むような心の高まりを

安心や安堵の気持ちを表すときは、どうしても「ほっとした」を多用しがち。少し目先を変えて言葉を選べば、多彩な表現が可能になります。

心に響く言いまわし1

胸（むね）をなでおろす

こんなとき……

無事の知らせに胸をなでおろした。

心配事や不安が解消されたとき、ただ「安心した」と表現するよりも、やさしさや温もりが伝えられそうです。

心に響く言いまわし2

人心地（ひとごこち）がつく

こんなとき……

コーヒーを飲んで、人心地がついた。

緊張や苦しみから解放されて、ほっとした気持ちになること。平常に返った安堵感や喜びが、わかりやすく表せます。

心に響く言いまわし3

愁眉（しゅうび）を開（ひら）く

こんなとき……

予想外の良好な結果に愁眉を開いた。

心配でひそめていた眉を元に戻すこと。転じて、安心してほっとした表情になることです。**眉を開く**、も同じ意味。

心に響く言いまわし4

心丈夫（こころじょうぶ）

こんなとき……

あなたがいるなら心丈夫です。

人や物に対する、心強いという気持ちを表す語。力強くまっすぐな言葉の響きが、信頼や安心感を表します。

「ゆったり」「気長」

語感のイメージも大切に

のんびりとした様子や人柄を表すときは、微妙にニュアンスの異なる言葉を使い分けたいもの。その語感から受ける印象も、文面の味わいとなります。

心に響く言いまわし1

長閑（のどか）

こんなとき……

長閑なひとときに心を和ます。

穏やかでのびのびとした気分や、すっかりリラックスした様子を表します。のんびり心静かな様は**心長閑**（こころのどか）。

心に響く言いまわし2

伸（の）びやか

こんなとき……

大自然の中で伸びやかに育った。

「ゆったり」や「のびのび」にはない、大らかさや開放感を感じさせます。スケール感のある言いまわしもできそう。

心に響く言いまわし3

のほほん

こんなとき……

つねにマイペース。のほほんとした人。

何をするでもない様子やのんきな様。ゆる～い語感ですが、場合によってはマイペースな人を揶揄（やゆ）するような使い方も。

心に響く言いまわし4

悠々（ゆうゆう）

こんなとき……

里山で悠々とした毎日を送る。

ゆとりや余裕、落ち着きといったニュアンスが伝わる言葉。**悠々自適**とは、俗世を横目に思いのままに暮らすこと。

喜び

「穏やか」「安らか」「安穏」

心の平安をいろいろな表現で

よく使われる「穏やか」「安らか」を、含みをもたせた言葉にしたり、少し目先を変えたフレーズにしてみては。文面の印象も違ってきます。

心に響く言いまわし1

和らぐ

こんなとき……

だいぶ表情が和らいできた。

怒りや悲しみなど、激しい感情がしずまり、穏やかになった様を表す場合にぴったりです。場の空気感にも用います。

心に響く言いまわし2

平らか

こんなとき……

健康で平らかな日々を送っている。

「穏やかで静かな」「不安や不満がない」といった語意が、やさしい語感から感じられる言葉です。

心に響く言いまわし3

円か

こんなとき……

昔から、円かな気性は変わらない。

目にすることの少ない言葉ですが、穏やかな様子や円満を意味します。物静かな人を、こんな言葉で表現してみては。

心に響く言いまわし4

平穏無事

こんなとき……

今年も平穏無事に暮らしました。

何事も順調、まずまず、そんな意味合いが込められています。常套句ですが、端的に相手へ安心感を届けられます。

「気楽」「のんき」

気ままな様子を表現

自由、気ままな性格や態度を表す言葉はいろいろ。ここでは文体や伝える相手をあまり選ばない、比較的使いやすい言葉を選びました。

心に響く言いまわし1

屈託(くったく)ない

こんなとき……

屈託ない様子で笑っている。

心配事や悩みがないこと。気楽な状況を指す言葉ですが、若者が対象の場合は晴れ晴れとした姿もイメージできます。

心に響く言いまわし2

楽天的(らくてんてき)

こんなとき……

生まれつきの楽天的な性格です。

楽観的でのんびりしている、の意。「楽天」はよく目にする字面なので、イメージの共有がしやすいかもしれません。

心に響く言いまわし3

ノンシャラン

こんなとき……

ノンシャランな暮らしをしている。

語源はフランス語といわれ、無頓着でのんきな様、なげやりな様子。たまには遊び心で、レトロ調のフレーズも。

心に響く言いまわし4

おっとり

こんなとき……

いつでもおっとりと構えている。

ゆったりと落ち着いた物腰の人を「おっとりした人」とよく表現します。ふわりと柔らかな語感があります。

喜び

「言葉にできない」「何とも言えない」

心の声を代弁する言葉

言葉にならない感激、うまく言い表せない気持ちなど、表現するのが難しい心の内を伝えるフレーズがあります。覚えておくと重宝します。

心に響く言いまわし1

え も 言わ れ ぬ

こんなとき……

えも言われぬ美しいご来光だった。

大きな感動や喜びを体験したとき「言葉では言い表せないほど素晴らしい」という気持ちを込めて使います。

心に響く言いまわし2

筆舌に尽くしがたい

こんなとき……

筆舌に尽くしがたい名作揃い。

物事の程度が普通の範囲をはるかに超えていて、とても文章や言葉で表しきれないこと。強い感情の揺れを表します。

心に響く言いまわし3

名状しがたい

こんなとき……

名状しがたい感情を抱いていた。

物事を適切に表現する言葉が見当たらない様。「何とも言いようのない」「よくわからない」といったニュアンスで。

心に響く言いまわし4

いわく言い難い

こんなとき……

いわく言い難い喜びをかみしめた。

簡単には説明しにくい、といったニュアンスを持っています。微妙な感情の揺れや高ぶりなどに添える言葉です。

「文句なし」「満足する」

ニュアンスを使い分ける

場面や状況によって、満足という感情にもさまざまなニュアンスが生まれます。その微妙な違いが伝わるよう、うまく言葉を使い分けたいものです。

心に響く言いまわし1

悦(えつ)に入(い)る

こんなとき……

庭を眺めて、ひとり悦に入っている。

物事が順調に運んだ喜びを表します。「満足する」をこの言葉に言い換えると、知的な大人の言いまわしに。

心に響く言いまわし2

ほくほく

こんなとき……

千客万来でほくほくしている。

嬉しさを隠し切れない様子を「ほくほく顔」などと表現します。ソフトで心地よいリズムのある語感が印象的。

心に響く言いまわし3

以(もっ)て瞑(めい)すべし

こんなとき……

全力は尽くした。後は以て瞑すべし。

「ここまでやれば十分満足。あとは死んでもよい」という気持ち。ねぎらいの言葉にすると、思いやりが伝わります。

心に響く言いまわし4

甘(あま)んじる

こんなとき……

甘んじて批判を受け入れる。

「現状に不満でも諦めて満足する」というニュアンスで使われます。我慢や諦観といった、切ない思いも伝わります。

喜び

「得意になる」「ドヤ顔」

言葉に含みを持たせて

他人の得意げな様子に対するこちらの感情によって、適した言葉を選ぶこともできます。皮肉や揶揄、失笑といった思いを含んだフレーズを紹介します。

心に響く言いまわし1

鼻(はな)にかける

こんなとき……

数々の業績をいいい、鼻にかける。

実用性の高い常套句。**小鼻をうごめかす**といえば得意げな表情をすること。同じ意の**自慢顔**は、ドヤ顔でしょうか。

心に響く言いまわし2

ひけらかす

こんなとき……

自分の優秀さをいいい、ひけらかしている。

嫌味に感じる自慢を、揶揄するニュアンスも持っています。堅めの表現に言い換えるならば**誇示する**があります。

心に響く言いまわし3

肩(かた)で風(かぜ)を切(き)る

こんなとき……

あの頃は肩で風をいいい、切る雰囲気だった。

我が物顔の振る舞いや、権勢を見せつけるような態度を表すのにぴったりです。相手への反感を含ませることも。

心に響く言いまわし4

顎(あご)をなでる

こんなとき……

満足そうにいいい、顎をなでていた。

得意そうな様子に鼻持ちならないと感じつつも、わかりやすい態度に無邪気な一面も見てとれる言葉です。

「うっとりする」「魅せられる」

心を酔わせる音・人・体験

心酔わせる体験を、シンプルですが心に響く言葉で飾りましょう。さりげないフレーズが持つ深みや余韻が、文面から立ち上がってきます。

心に響く言いまわし1

酔(よ)いしれる

こんなとき……

美しく優雅なメロディに酔いしれる。

うっとりとするような音楽などに使いたいフレーズ。「しれる」は漢字で「痴れる」。心を奪われ正気を失う、の意。

心に響く言いまわし2

夢心地(ゆめごこち)

こんなとき……

憧れの人と話ができて夢心地でした。

夢を見ているような体験や、信じられない事が起きたときなどに。優しい語感、ふんわりとした響きにも癒されます。

心に響く言いまわし3

虜(とりこ)になる

こんなとき……

いつしかギターの虜になっていった。

何かにハマって、すっかり心を奪われている人を表すのにぴったりです。恋愛感情としても使われます。

心に響く言いまわし4

魅了(みりょう)

こんなとき……

美しいラストシーンに魅了された。

人の心を惹きつけて、夢中にさせること。芸術作品やエンターテインメント、スポーツ観戦などの感動に。

喜び

「なるほど」「目からウロコ」

感心や気づきを平易な言葉で

物事に感心したり、自分で何かに気づいた喜びを、平明な言葉に置き換えてみましょう。わかりやすい言葉だからこそ、読む人の共感も呼びます。

心に響く言いまわし1

はたと気(き)づく

こんなとき……

とんだ勘違いに、はたと気づいた。

突然いい考えやアイデアがひらめいたり、モヤモヤしていた疑問がフッと解決したようなときに。

心に響く言いまわし2

膝(ひざ)を打(う)つ

こんなとき……

斬新な提案に、思わず膝を打つ。

急な思い付きで「そうか」と腑に落ちた場合や、人の話などに「なるほど」と感心したときの動作のこと。

心に響く言いまわし3

目(め)を開(ひら)く

こんなとき……

彼の話に目を開かれた思いがした。

新しい知識を得たり意外な事実を知ったりして、新鮮な驚きを感じたときに。受け身にすると謙虚さを感じさせます。

心に響く言いまわし4

開眼(かいがん)

こんなとき……

作家として完全に開眼した作品。

物の道理がわかったときや、何かのコツをつかんだときにふさわしい言葉。「……に開眼した」などと使います。

「はっきり」「鮮やか」

対象や状況で言葉を使い分ける

表現する対象や場面の状況によって、月並みな「鮮やか」を言い換えましょう。言葉を強調する畳語（じょうご）（同じ単語を繰り返してつくられた言葉）を使った、感情移入の例も紹介。

心に響く言いまわし1

清（さや）か

こんなとき……

月が清かに輝いている。

はっきり見える様、音が冴えてよく聞こえる様。大和言葉の美しい響きが、文面に優雅さを添えます。**けざやか**とも。

心に響く言いまわし2

ありあり

こんなとき……

ありありと胸に浮かんでくる光景。

ある光景や情景が、眼前にあるかのように感じられること。畳語が持つ強調作用で感情が増幅され、印象深い文面に。

心に響く言いまわし3

目覚（めざ）ましい

こんなとき……

目覚ましい活躍で、一気にスターへ。

成長著しい人や、甚だしい活躍をみせている組織や人物などを称えるときに。派手さを強調するなら、**華々しい**でも。

心に響く言いまわし4

鮮烈（せんれつ）

こんなとき……

鮮烈な印象を残して去った。

非常に鮮やかな様をいう常套句。同じ意味の**鮮明**よりも、衝撃的、驚異といったニュアンスを感じさせます。

喜び

「勢いがある」「栄える」「盛ん」

見慣れた言葉の安定感

人物や組織、季節などの勢いが盛んな様を、常套句や古語を使って巧みに表現してみましょう。親しみのある言葉が持つ、安心感や深みも再認識できます。

心に響く言いまわし1

たけなわ
（酣）

こんなとき……

再会は、春たけなわの四月でした。

結婚式などで「宴たけなわですが」と使われています。催事や行事、季節などの最も盛んな状態を簡潔に表現します。

心に響く言いまわし2

花(はな)めく

こんなとき……

あの業界は、今まさに花めく様子。

時流にのって栄えること。**時めく**と同じ意味ですが、より華麗な言いまわしになりそうです。

心に響く言いまわし3

飛(と)ぶ鳥(とり)を落(お)とす勢(いきお)い

こんなとき……

あの会社は、飛ぶ鳥を落とす勢いだ。

非常に勢いが強いこと。すっかりおなじみのフレーズゆえに、世代を超えて通じる強みもあります。

心に響く言いまわし4

脚光(きゃっこう)を浴(あ)びる

こんなとき……

デビュー作で、一躍脚光を浴びた。

世間で注目の人物や時事を紹介するときの常套句。言葉としての納まりのよさがあります。**耳目(じもく)を集める**とも。

「楽しむ」「愉(たの)しむ」

ふとした喜び・楽しさをとらえる

楽しく、心豊かに過ごす様子を伝えるフレーズです。暮らしの中のふとした喜びを、より繊細に、そして美しく、雰囲気のある言葉で彩ってみませんか。

単に「楽しむ」では言い表せない、言葉の持つ深みや色合いといったものを読む人に伝えたいものです。

心に響く言いまわし1

興(きょう)じる

こんなとき……

休日には趣味のガーデニングに興じる。

楽しんで愉快な時間を過ごすこと。趣味など、おもしろがって事に熱中する様子を表すときにぴったりな言葉です。話に夢中になる様は「話に興じる」。「碁に興じる」などと表現します。

心に響く言いまわし2

愛(め)でる

こんなとき……

錦秋に染まった、見事な紅葉を愛でる。

物や景色などの素晴らしさ、美しさをほめ、味わうことです。ただの楽しみ方ではなく、自然や芸術などをじっくり鑑賞し、感嘆する状況に適しています。「月を愛でる」「桜を愛でる」は定型句です。

心に響く言いまわし3

愉楽(ゆらく)

こんなとき……

一日のこのひとときが、私にとっての愉楽の時間だ。

心の底から楽しむこと。刹那的な楽しさではなく、もっと深みのある、ひたるような喜びです。濃密な語感もありそうです。かけがえのない楽しみを表現するときに。**悦楽**も同じニュアンスを持ちます。

心に響く言いまわし4

賞玩(しょうがん)

こんなとき……

皿を賞玩する。

前出の「愛でる」と同じニュアンスがあります。事物の美しさ、素晴らしさなどを味わい、楽しむことです。絵画や書、音楽などの芸術鑑賞、花の観賞などにふさわしい言葉です。

「いきいき」「元気」

元気な人を爽やかに伝える

健康で元気な様子を、生命感にあふれた、イキのいい言葉で伝えましょう。

特に性別や年齢によって限定されることはありませんが、「矍鑠（かくしゃく）」だけは高齢の方に向けた言いまわしになります。

他は、自分の感性や好みに合ったフレーズで、いきいきとした姿を読み手に届けましょう。

心に響く言いまわし1

はつらつ

こんなとき……

彼のはつらつとした身のこなしが印象的だった。

いかにもいきいきとした様が目に浮かぶような、躍動した語感があります。きびきびとした元気のよい様子を言います。**バイタリティ**や**エネルギッシュ**といった言葉が、近いニュアンスを持っています。

心に響く言いまわし2

健（すこ）やか

こんなとき……

大自然の中で健やかに育った子どもたち。

体が丈夫で元気なこと。子どもの着実な成長や、いきいきとした若者の姿を形容するときなどに使われます。「健やかな眠り」「健やかな表情」など、健康的な様子を表現するときにも。

心に響く言いまわし3

快活（かいかつ）

こんなとき……

案内してくれたのは、快活で美しい女性だった。

性質が明るく、元気がよい様。「はつらつ」と同様に、きびきびとした様子も含みます。健康的で爽やかな人物像を表現するのにぴったりです。明るく元気な人柄を言う**明朗快活**は、自己PRの常套句。

心に響く言いまわし4

矍鑠（かくしゃく）

こんなとき……

会長は90歳を超えても、いまだ矍鑠とされている。

年をとっても、心身ともに丈夫で元気な様。高齢の方の壮健な姿を称える、敬意と感嘆を含んだ言いまわしです。「矍鑠たる老人」や「老いてなお矍鑠とした様子」などと使います。

「望む」「希望する」

臨機応変に言葉を使い分け

ひと口に「望む」と言っても、気楽な願いから切実な願望までさまざま。状況に合った適切な言葉を選びたいものです。

ここでは、心からの強い願いを表す言いまわしを中心に紹介します。いずれも漢文調の硬質な表現なので、それぞれの間でも言い換えが容易。うまく使い分ければ、同じフレーズの繰り返しを避けられます。

心に響く言いまわし1

渇望（かつぼう）

こんなとき……

もう一度会うことを渇望している。

喉が渇いて水を欲しがるように、心から何かを望むこと。どうしても叶えたい思いや、必要に迫られた切実な願いなどを表すときに用います。**熱望**（→P146）や**宿願**も、同じように用います。

心に響く言いまわし2

切望（せつぼう）

こんなとき……

かねてからマイホームを建てることを切望していた。

ひたすら熱心に望むことです。たっての願いや、心からの強い希望など、祈りにも似た切実な思いと言ってもいいでしょう。前出の「渇望」や「熱望」と合わせ、文面に応じて使い分けてもいいのでは。

心に響く言いまわし3

希求（ききゅう）

こんなとき……

世界平和を希求する講演会に招かれた。

「希」は「願う」の意から、願い求めること。日本国憲法にも見受けられる言葉。「自由を希求する」「平和の希求」などスケール感のある使われ方が目につきます。**冀う**（こいねが）（↓P146）も同じニュアンス。

心に響く言いまわし4

所望（しょもう）

こんなとき……

場の雰囲気が和むよう、明るい歌を所望した。

あるものがほしいと望むこと、こうしてほしいと望み願うこと。「水を一杯〜した」と表現すれば、落ち着いた大人の言いまわしに。「お願いした」「リクエストした」などを状況に応じて言い換えてみては。

「簡単」「楽勝」「お手軽」

「簡単」のさりげない言い換え

「これくらいわけない」「ぜんぜん大丈夫」といった気持ちを、少し趣を変えたフレーズにしてみませんか。

どの言葉も知ってはいるものの、いざというときに思い浮かばないかもしれません。「簡単」や「手軽」にはない目新しさもあり、さりげない言いまわしの妙が感じられます。

心に響く言いまわし1

造作(ぞうさ)ない

こんなとき……

何日もかかりそうな仕事を、造作なく終わらせた。

たやすいこと。簡単、手軽などの意味です。**造作もない**という言い方もします。日常よく使う言葉「わけもない」や「世話ない」の少し改まった言いまわしでしょうか。**やすやす**も同じニュアンスです。

心に響く言いまわし2

事(こと)もなげ

こんなとき……

事もなげなそぶりで、
重い荷物を持ち上げた。

まるで何事もないかのように、平然としている様。「どうってことない」といった様子。常人には真似のできない才能や能力に対して、リスペクトを込めて「事もなげにしてのける」などと使います。

心に響く言いまわし3

苦(く)もなく

こんなとき……

テーブルいっぱいの
料理を、苦もなく
平らげてしまった。

簡単に。苦労もせず。たやすいといった様子を言います。前出の「事もなげ」と同様、淡々と難しいことをやってのける人を表現するときに向いています。驚嘆や感嘆も込められそうです。

心に響く言いまわし4

お手(て)のもの

こんなとき……

飲み会の幹事なら
お手のものです。
おまかせください。

得意、慣れていてわけもなくできる事柄。「御手の物」と書いて、江戸時代にも同じ意味で使われたとか。親しい間柄なら、ちょっとおどけた**お茶の子さいさい**、**お安いご用**などの言い換えもできます。

「ハマる」「熱中する」「夢中」

まっしぐらな様子を表す

何かに強く惹かれている様子を表現する言葉です。「熱中」や「夢中」といった一般的な表現に換えて、感情豊かな言いまわしにしてみては。

なかにはほどほどを通り越し、過度にのめりこんだ状態を指すフレーズもあります。思い入れの度合いによって使い分けましょう。

心に響く言いまわし1

心奪（こころうば）われる

こんなとき……

熱のこもったスピーチに、すっかり心奪われた。

美しさや素晴らしさなどを感じて、強く心を惹きつけられる様。**魅了される**、**我を忘れる**、も同じニュアンスになります。何気ない言葉ですが、対象に心をつかまれた感情を素直に表せます。

心に響く言いまわし2

現(うつつ)を抜(ぬ)かす

こんなとき……

コレクションの収集に現を抜かす。

何かに夢中になること。度を越して熱中する様を言います。音楽や映画、タレント、恋愛や道楽など、まわりが呆れるほど熱の入った様子を表すときに使われます。**逆上(のぼ)せる**、も同じ意味です。

心に響く言いまわし3

憂(う)き身(み)をやつす

こんなとき……

自分が選んだ仕事に、憂き身をやつしたときもあった。

身がやせ細るほど、何かに夢中になること。脇目もふらず仕事や趣味、恋愛などに没入している姿を表現できます。寝食を忘れて物事に傾注するような、ある種の迫力も感じさせそうです。

心に響く言いまわし4

目(め)がない

こんなとき……

お酒は飲まないが、スイーツには目がない。

日常会話でもよく使われます。度が過ぎて、思慮分別をなくすほどに好きな様です。大好物を食べすぎたり、物の収集に大金をはたいたり、どこか憎めない人を言い表すときにぴったりなフレーズです。

「気持ちいい」「愉快」「ウケる」

スカッと開放的なフレーズに

文中で「気持ちがいい」「愉快」を繰り返すと、明るい気分も次第にトーンダウンしがち。開放感のある言葉に言い換え、心のたかぶりを鮮明に届けましょう。

心に響く言いまわし1

小気味（こきみ）よい

こんなとき……

小気味よいテンポで仕事が進んだ。

胸がスッとするような感じを伝えるときに。振る舞いや動作の他、音楽の軽快なリズムを表す場合も。**痛快**、も同じ。

心に響く言いまわし2

天晴（あっぱ）れ

こんなとき……

迅速かつ冷静、天晴れな対応だった。

見事な様子。行いなどをほめ称えるときの言葉。「よくやった」というニュアンスなので、目上には使いません。

心に響く言いまわし3

胸（むね）がすく

こんなとき……

疑いが晴れて、胸がすく思いだ。

不満や恨み、胸のつかえがとれたときに。晴れやかで清々しい気分を表現します。**溜飲が下がる**、も似たニュアンス。

心に響く言いまわし4

快哉（かいさい）

こんなとき……

採用の知らせを聞き、快哉を叫んだ。

心からの愉快な気持ち。心が晴れて思わず声が出る「快哉を叫ぶ」という使われ方が一般的です。

「思いどおり」「好き勝手」

自由をより大人の表現で

何物にも縛られない、自由な心の様を表現します。落ち着いた言いまわしや、知的さを感じるフレーズに言い換えてみましょう。

心に響く言いまわし1

意（い）のまま

こんなとき……

想像を意のままに表現する才能。

物事が思うとおりになる様。「思いどおり」の改まった言い換えとして、覚えておきたい言葉です。

心に響く言いまわし2

ほしいまま（恣）

こんなとき……

自由をほしいままにしている。

「やりたい放題」のこと。「好き勝手」よりも、知的な大人の言いまわしになります。利権を使った悪業の様にも。

心に響く言いまわし3

思（おも）う様（さま）

こんなとき……

一日思う様、映画を観て過ごしたい。

「とことん」「満足するまで」といった気持ちのこと。欲望や願望を果たす様を表現するときに用います。

心に響く言いまわし4

勝手気（かってき）まま

こんなとき……

独身ならではの、勝手気ままな生活。

その語感から傍若無人な様子がイメージできます。また、自由な心に対する羨望や嫉妬を込めることもできそうです。

「清らか」「ピュア」

透明感のある言葉いろいろ

清らかさや純粋さを、清々しい語感や、透き通るような響きを持ったフレーズで言い換えてみては。どれも清潔感満点で好印象です。

心に響く言いまわし1

清純（せいじゅん）

こんなとき……

清純なイメージを失わない大女優。

言葉として古風な感じもしますが、褪（あ）せることのない輝きを放っています。清らかでけがれのない、美貌の持ち主に。

心に響く言いまわし2

無垢（むく）

こんなとき……

純真で無垢な少年時代を送った。

もともとは「煩悩がなく清らか」を意味する仏教用語。うぶで純粋な人、世間ずれしていない人などを表すときに。

心に響く言いまわし3

清冽（せいれつ）

こんなとき……

清冽な渓谷の水が流れていく。

水が清らかに澄んで冷たい様。凛とした空気感が読み手に伝わります。夏でも冷たい谷川の水や湧水などに。

心に響く言いまわし4

澄み渡る（すみわたる）

こんなとき……

澄み渡った湖水に湖畔の緑が映る。

一点の曇りもない空や、透明な湖水などを形容するときに。情景が目に浮かぶような響きです。**澄み切る**、も似た言葉。

楽しさ

「気になる」「興味がある」

好印象の大人の表現で印象よく

人や物に心が惹きつけられる様子を、気の利いた言いまわしや大人の表現などで伝えましょう。読み手にとって印象度の高い文章になります。

心に響く言いまわし1

心惹かれる

こんなとき……

温かな人柄に心惹かれました。

対象に興味や魅力を感じ、ひきつけられる様。「興味がある」より大人の言いまわしです。風景、芸術作品などにも。

心に響く言いまわし2

食指が動く

こんなとき……

あまりの安さに、つい食指が動いた。

人や物に興味、関心を抱くこと。中国の故事に由来した、ユニークな字面が特徴的。語彙の豊さも印象づけられそう。

心に響く言いまわし3

目を引く

こんなとき……

目を引く鮮やかな民族衣装の人たち。

奇抜な衣装や行動など、まわりの注目を集める人や物を形容するときに。単に「気になる」よりも気の利いた表現に。

心に響く言いまわし4

気乗り

こんなとき……

こちらの話に気乗りした様子だった。

字面のままの語意なので、わかりやすく伝わります。「気乗りしない」という否定形もあります。**乗り気**、も同じ意。

「ぴったり」「都合がいい」

落ち着いて感じよく

相性やタイミングのよさを表す「ぴったり」や「都合がいい」を、改まった文面にも使える言葉に言い換えます。落ち着いた、感じのいい印象に変わります。

心に響く言いまわし1

打ってつけ

こんなとき……

繊細な彼に
打ってつけの仕事。

「ぴったり」の少し改まった言いまわし。人物の役割のほか、時間や場所などの条件がぴたりと合うときに。

心に響く言いまわし2

またとない

こんなとき……

またとないパートナーに巡り合った。

これほどのものは他にはない、という意。条件や希望にずばり合った人や物との取り合わせに。**二度とない**、の意味も。

心に響く言いまわし3

願ってもない

こんなとき……

願ってもない、
仕事が舞い込んだ。

思いもよらない幸運に都合よく恵まれたときに。「超ラッキー！」といった感情を、抑制の利いた、大人の表現に。

心に響く言いまわし4

お誂え向き

こんなとき……

二世帯住宅に
お誂え向きの土地。

幅広い年齢層に使われる言葉。SNS、手紙など伝達手段を選びません。どんな文章にもなじみやすいでしょう。

「親しい」「ツーカー」

温かな絆を表す言葉

心と心が通い合う関係を表現する定番フレーズ。四つの言葉に、ニュアンスの大きな違いはありません。語感の好みで選んでみては。

心に響く言いまわし1

気が置けない

こんなとき……

すっかり気が置けない間柄になった。

遠慮や気遣いがいらない、の意。心から打ち解けた関係を端的に表すときに。「気が許せない」と解釈するのは誤り。

心に響く言いまわし2

心やすい

こんなとき……

昔からの心やすいお付き合いです。

遠慮のいらない間柄。**懇意**や**昵懇**、も同じ意味。その優しい語感が、温かな人と人のつながりを連想させます。

心に響く言いまわし3

気心の知れた

こんなとき……

久々に気心の知れた旧友が揃った。

互いの性質や考え方がわかる親しい関係を指すときに。「〜仲間」や「〜間柄」などと使います。**気心が通じる**、も同。

心に響く言いまわし4

以心伝心

こんなとき……

以心伝心のふたりで完成させた器。

もとは禅宗の用語で、無言のうちに心と心が通じ合うことです。今風にいえば、「言葉のいらない関係」でしょうか。

共感をよぶ いいね! フレーズ

料理・味 1

たとえばSNSにお気に入りの料理をアップ。おいしそうな写真には、食欲と共感をよび起こす言葉を添えたいものです。

いつものフレーズ

「おいしい」
「うまい」
「美味」
「いい味」
「絶品!」

言い換えフレーズ

その店の握り(寿司)は、**思わず笑顔になる**味でした。

どれくらいおいしいのか、具体的に表現する手もあります。**ほっぺが落ちる**、**たまらない**、といった言葉でも。

箸が止まらないほどのおいしさでした。

箸を置く暇がないほど、夢中になるような味を表します。**癖になる**、**ハマる予感**、なども同じニュアンスです。

甘みと旨みがマッチした**後をひく味**です。

「いい味」「美味」を少し飾った表現にします。同じニュアンスなら**余韻のある味**、**贅沢な味**、**大人の味**、など。

噂のケーキは、まさに**癒される甘み**でした。

甘みの表現です。感想をフレーズにすると実感が伝わり、イメージもふくらみます。**品のよい甘さ**、なども。

目の覚めるような辛さと、ダシの味が調和しています。

「激辛」「ピリ辛」など、辛みを表す定番フレーズを封印。**追いかけてくる辛さ**、**パンチのある辛味**、なども。

しっかりとした味わいのスープでした。

味の濃さ、薄さの表現です。濃い味なら**骨太の**、**こってり**、**濃厚**、など。薄味なら**淡白**、**上品な**、も。

第二章

悲しみ　苦しみ　不安・悩み

心のつぶやきを伝える

「悲しい」「悲痛」

いろいろな悲しみを書き分ける

さまざまな側面を持つ「悲しみ」の感情を、それにふさわしい言葉にのせて、読み手に正しく伝えましょう。「胸が張り裂ける」や「沈痛」は、まさに悲痛な心情を表します。それに対して「物悲しい」は、ふと感じる切なさ、と言っていいかもしれません。「嘆かわしい」は、飽き足りない悲しさです。

心に響く言いまわし1

胸(むね)が張(は)り裂(さ)ける

こんなとき……

お世話になった恩師の訃報に、胸が張り裂ける思いだ。

悲しみや憎しみなどで、胸が破れるような苦痛を感じることです。例えば、身近な人や可愛がっていたペットの死など、胸がふさがるような、悲痛な思いを伝えるときに。悲しさの極みを表現します。

心に響く言いまわし2

沈痛（ちんつう）

こんなとき……

母は沈痛な口調で、父の病状を説明してくれた。

深い悲しみや心配事に、胸を痛めること。まるで鉛を呑み込んだような、重い心持ちを表します。ふさぎこんだ様子や、深刻な表情をした人を指して「〜な面持ち」「〜な表情」などと使います。

心に響く言いまわし3

物悲しい（ものがなしい）

こんなとき……

ひとり夜道を歩いていたら、なんとなく物悲しい気分になった。

前出の「胸が張り裂ける」「沈痛」とは異なり、胸を痛めるような悲しさではありません。これといった理由もなく、なんとなく感じる悲しさです。情緒的な悲しみや、とりとめのない切なさを表現します。

心に響く言いまわし4

嘆かわしい（なげかわしい）

こんなとき……

長年の信頼を裏切られ、嘆かわしいかぎりです。

悲しく、情けなくて、怒りを感じるほどの気持ち。これも痛切な悲しさとは違い、対象の不甲斐なさを嘆じるニュアンスです。「〜風潮」など、期待や予想に反した人や事物を指して使います。

「寂しい」「しんみり」

寂しさの中の心細さ、喪失感、無常観

寂しさから生じる心細さや喪失感、無常観といったものを、的確に伝えてくれる言葉を紹介します。

そのときどきの心情に合ったフレーズを選ぶことで、読み手の共感を得たいものです。

なお、「侘しい」は複数のニュアンスを持ち、微妙な差異を見極めて使い分けます。

心に響く言いまわし1

火(ひ)が消(き)えたよう

こんなとき……

祭り見物の人たちが引き上げると、境内は火が消えたようになった。

それまでの活気が急になくなり、寂しくなる様子です。家の中やお店、あるいは町中の気が抜けたような様子などに。賑わいと静寂のギャップが大きいほど、物寂しさが際立ちそうです。

心に響く言いまわし2

胸（むね）に穴（あな）が空（あ）いたよう

こんなとき……

愛犬に死なれて、胸に穴が空いたようだ。

大事なものや、あって当たり前のものを失ったときの喪失感を表す言葉です。「胸にぽっかりと穴が……」とすれば、より強調した言いまわしになります。**心に穴が空いたよう**、と表現することも。

心に響く言いまわし3

侘（わび）しい

こんなとき……

侘しいひとり暮らしも、少しは慣れてきた。

ニュアンスで使い分けたい言葉。「～秋の夕暮れ」の場合は、静かでもの寂しい様を。「～いでたち」の場合は、みすぼらしい様子を。「～食事」といった場合は、ゆとりがない様を表します。

心に響く言いまわし4

寂（さび）れる

こんなとき……

シャッターを下ろした店が続く、寂れた商店街。

ひっそり閑とした様。かつての活気が消え、寂しくなった様子。「寂れゆく町」など、どこか無常観も漂います。山の温泉宿などを「寂れた風情がある」と表現すれば、こちらは逆にほめ言葉となります。

「涙が出そう」「うるうる」「やばい」

目にいっぱいの涙

心を震わす悲しみや喜びに涙腺が刺激され、今まさに、こみ上げた涙がこぼれんばかりの状態を表現します。「うるうるした」で事は足りるかもしれませんが、読み手や文面に応じた言葉選びをしてみては。

泣き出す寸前のワンシーンを、常套句や目先の変わった言葉で伝えてみましょう。

心に響く言いまわし1

目が潤む

こんなとき……

話を聞いているうちに、思わず目が潤んできた。

読んで字のごとく、涙が出そうになる様。目が涙でにじみ、潤いを帯びた状態です。ちなみに、**声が潤む**、**声を潤ませる**、は、涙声になること。こちらも涙がこぼれる寸前の状況を言います。

心に響く言いまわし2

熱いものがこみ上げる

こんなとき……

母の手紙を読むうちに、熱いものがこみ上げてきた。

しみじみと感じ入って、涙が出そうになることです。悲しい場面に限らず、喜びのあまり涙が出そうな状況でも使われます。**涙がこみ上げる、**も同じ意。こちらには胸がいっぱいになる、の意味も。

心に響く言いまわし3

差し含む

こんなとき……

こらえきれず、差し含む涙をそっと拭った。

涙ぐむ、と同じ意味です。共通する「ぐむ」は接尾語で「その兆しが表れてくる」といった意味。目に涙がわいてきたところを言います。古風な言いまわしなので、受け手には新鮮かもしれません。

心に響く言いまわし4

目頭が熱くなる

こんなとき……

ぐっと悲しみをこらえる子どもたちに、目頭が熱くなった。

心を動かされ、目に涙が浮かんでくる様。前出の「熱いものがこみ上げる」と同じ意味の定型句です。似た言葉の**目頭を押さえる、**は、こぼれそうな涙をそっと手で押さえること。涙をこらえる様です。

「ひとりぼっち」「孤独」

ひとりは寂しいだけじゃない

ひとりぼっちの寂しさ、頼る人がいない境遇を相手に伝えたいなら、微妙な気持ちの違いを的確に表現する言葉選びがポイントです。

心に響く言いまわし1

寄る辺ない（よるべない）

こんなとき……

寄る辺ない身のつらさ。

寄る辺とは「頼りとするところ」「頼みとする人」の意。頼る人がいなくて不安な心情が伝わる表現です。

心に響く言いまわし2

天涯孤独（てんがいこどく）

こんなとき……

両親を失い天涯孤独となった。

天涯は「空の果て」、または「とても遠いところ」の意。広い世の中で身寄りがひとりもない様子などを言います。

心に響く言いまわし3

孤高（ここう）

こんなとき……

組織には属さない孤高の人でした。

ひとりでも、寂しさを感じさせない人がいます。他と離れて高い境地にある人、自分の志を守る人を表す言葉です。

心に響く言いまわし4

おひとりさま

こんなとき……

おひとりさまの境遇を楽しむ。

もともとは飲食店などに来るひとり客を指す言葉。少し自虐的に、または孤独を楽しむような意味合いで用いては。

悲しみ

「泣く」

泣き方で表現はいろいろ

声を上げて泣くのか、それとも声を詰まらせて泣くのかなど、「泣く」にもさまざまな表情があります。状況に合わせて表現しましょう。

心に響く言いまわし1

泣(な)き濡(ぬ)れる

こんなとき……

泣き濡れた顔を隠そうともしない。

泣いて涙で顔（頬）を濡らすことで、「涙を流す」よりも繊細な印象を与えられます。**頬を濡らす**、と言い換えても。

心に響く言いまわし2

号泣(ごうきゅう)

こんなとき……

親友の死に号泣した。

「大声を上げて激しく泣くこと」で、**慟哭**(どうこく)も似た意味。大声を出すので、「映画館で号泣」などというのは間違い。

心に響く言いまわし3

嗚咽(おえつ)

こんなとき……

病室から嗚咽する声が漏れてきた。

悲しみがこみ上げてきて、息継ぎができなくなるほどに泣くこと。声を上げたいのを我慢しているイメージです。

心に響く言いまわし4

声(こえ)が潤(うる)む

こんなとき……

別れを告げる声が潤んできた。

涙で声がはっきりしなくなる（涙声になる）こと。**目が潤む**（→P62）とセットで覚えておいてもよいのでは。

「涙を流す」「涙腺崩壊」

涙の〝流し方〟で感情を伝える

悲しいとき、辛いときに、頬を伝って流れる一筋の涙。そんな涙ひとつをとっても、表現の仕方はたくさんあります。代表的なものを紹介します。

心に響く言いまわし1

涙(なみだ)にむせぶ

こんなとき……

亡き母を思い出して、涙にむせぶ。

「むせぶ」とは、息継ぎが苦しくなるほどに泣くこと。**大泣きする**、と表現するよりも、抑制が利き、知的な印象に。

心に響く言いまわし2

血(ち)の涙(なみだ)

こんなとき……

耐えられない悲しみに血の涙を流す。

流す涙も枯れて、その代わりに血が出るほど、辛く悲しいときの涙のたとえ。悲嘆の深さが伝わります。

心に響く言いまわし3

はらはら

こんなとき……

はらはらと涙が頬を伝う。

涙が後から後から流れること。こぼれ落ちるのは**ぽろぽろ**、大粒の涙は**ぼろぼろ**、静かに目からこぼれるのは**ほろほろ**。

心に響く言いまわし4

涕泣(ていきゅう)

こんなとき……

旧友の訃報に接して涕泣した。

涕とは「涙」。つまり、涕泣は涙を流して泣くこと表します。文字を逆にした**泣涕**(きゅうてい)、も同じ意味で使われます。

悲しみ

「ついてない」「不運」

運が人生を左右する!?

思いどおりにいかないことがあると、「自分はなんて不運なんだ」と嘆きたくなるものです。そんなついていない境遇を表す言葉を紹介します。

心に響く言いまわし1

憂き目にあう

こんなとき……

失恋の憂き目にあう。

「憂き」は心を悩ますこと、辛いこと。そんな事態に遭遇すること。辛いことの多い身の上は、**憂き身**、と言います。

心に響く言いまわし2

踏んだり蹴ったり

こんなとき……

失業に入院と、踏んだり蹴ったりだ。

困ったことや、苦しいことが重なることです。何もかもがうまくいかず、うんざりした気分にぴったりな表現です。

心に響く言いまわし3

弱り目にたたり目

こんなとき……

不運続きで、弱り目にたたり目です。

弱っているところにさらなる不運が続き、とても困った状態になること。**泣き面に蜂**、も、同様のシーンで使えます。

心に響く言いまわし4

運の尽き

こんなとき……

見つかったのが運の尽きだった。

運命が尽きて、最後の時が来たこと。実際に命を落とす事態というよりも、身近な不運を嘆く意味で使われます。

「かわいそう」「気の毒」

他人を思いやる気持ち

不幸な境遇にある他人を労わる言葉には、その人の人柄が如実に表れます。「かわいそう」のひと言だけではなく、相手を思いやる気持ちを上手に伝えましょう。

心に響く言いまわし1

いたわしい

こんなとき……

悄然とした姿がいたわしいほどだ。

他人の境遇や立場などに同情し、気の毒に感じること。「労しい」と書き、労わりたくなる状態にある、という意味。

心に響く言いまわし2

見る（み）に忍（しの）びない

こんなとき……

落ちぶれた彼の姿は見るに忍びない。

あまりに気の毒で、見ていられない様子。「忍びない」は、我慢できない、耐えられない、という意味です。

心に響く言いまわし3

痛（いた）ましい

こんなとき……

捨て犬が痛ましく、家に連れ帰った。

かわいそうで、見ている自分のほうが辛くなるような様子。日常の言葉で表現するなら、**痛々しい**、でも。

心に響く言いまわし4

不憫（ふびん）

こんなとき……

早く親を亡くして不憫でならない。

弱い者を哀れでかわいそうと思うこと。または、かばってやりたいと思う気持ちです。「憫」とは「あわれみ」の意。

「むなしい」

満たされない感情を表現する

思ったとおりにいかない。心にポッカリと穴が空いてしまった。そんな満たされない気持ちを記すとき、「むなしい」よりもふさわしい言葉があるかもしれません。

心に響く言いまわし1

儚（はかな）い

こんなとき……

一夜限りの儚い恋だった。

「人の夢」と書いて、「消えてなくなりやすい」「実現の可能性が乏しい」「無益だ」といった意味を持っています。

心に響く言いまわし2

朝露（あさつゆ）の如（ごと）し

こんなとき……

人生は朝露の如し、とよく言われます。

朝露とは朝、葉の上などに降りた露のこと。消えやすいことから「儚いもの」や「人の命」の例えとして使われます。

心に響く言いまわし3

甲斐（かい）がない

こんなとき……

こんな結果では努力の甲斐がない。

「甲斐」は、期待するだけの値打ちや、努力した効果のこと。努力が報われないことを「～がない」と言います。

心に響く言いまわし4

張（は）り合（あ）いがない

こんなとき……

客の反応がないと張り合いがない。

頑張っているのに、頑張っただけの反応や充足感を得られない。心の張りが緩む、そんなときに使いたい表現です。

「苦しい」「辛い」

人間臭い苦しみの姿

苦しみのさなかにある人の様子や、そこからどうにか這い出そうとしている様を表現するフレーズたちです。「苦しい」「辛い」などの大づかみな言葉では見えてこない、苦痛の表情や煩悶（はんもん）する姿といったものが、よりイメージしやすくなります。そこには弱みをさらけ出した、人間臭ささえ感じられそうです。

心に響く言いまわし1

喘（あえ）ぐ

こんなとき……

想像をはるかに超えるプレッシャーに喘いでいた。

不調や重圧などに悩み、苦しむこと。苦しそうに呼吸する、という意味も。スランプに苦悶するアスリートの姿を「不振に喘ぐ」などと表現します。語意のとおり、「息も絶え絶え」な様子が表せます。

心に響く言いまわし2

足掻く（あがく）

こんなとき……

どんなに足掻いても、
結果の出ない
時期があった。

活路を見いだすため、必死で努力すること。じたばたする、の意味も。**藻掻く**（もがく）、と言い換えることもできます。不満な現状から抜け出すため、なりふりかまわず奮闘する様子を表すのにぴったりです。

心に響く言いまわし3

呻く（うめく）

こんなとき……

彼は頭を抱えたまま、
小さく呻き声を漏らした。

苦しみや痛みのために、無意識に低い声を発することを言います。**呻吟する**（しんぎんする）、も同様の意味。こちらは、詩歌などの創作に苦心している様子を表し、「句作に呻吟する」などと用います。

心に響く言いまわし4

辛酸をなめる（しんさんをなめる）

こんなとき……

あの人は貧しかったので、
世の辛酸をなめてきた。

大いに苦労すること。辛い目にあうこと。**苦汁をなめる**、と言い換えることも。「辛酸」は**辛苦**、と同様に、辛い思いや苦しみを意味します。世の荒波にもまれてきた、苦労人の人生が垣間見えるようです。

「悔しい」「悔やむ」

「悔しい」だけでは味気ない

物事がうまくいかなかったときや辱めを受けたとき、「悔しい」という直截的なひと言で済まさず、相手に上手に感情を伝える表現を用いましょう。

心に響く言いまわし1

忌ま忌ましい

こんなとき……

頑張れなかった自分が忌ま忌ましい。

悔しくて、腹立たしい気持ち。ひどい仕打ちを受けたり、物事が思いどおりにいかなかったりしたときなどに用います。

心に響く言いまわし2

唇を噛む

こんなとき……

唇を噛んで耐え忍ぶ。

怒りや悔しさをグッとこらえること。よく目にする表現ですが、それだけに世代を超えて使いやすい言葉です。

心に響く言いまわし3

地団駄を踏む

こんなとき……

地団駄を踏んでも後の祭りだった。

「地団駄」とは、地を何回も激しく踏みつけること。強く足を踏み鳴らすほどに怒ったり、悔しがったりする様。

心に響く言いまわし4

無念

こんなとき……

昨日の試合は無念な結果に終わった。

悔しいが、どうしようもない。でも諦めきれない気持ち。**無念千万**や**無念至極**、はそれを強調したバージョン。

「怖い」「恐怖」「尻込み」

恐怖心の多彩な表現方法

物事にチャレンジして失敗しそうになると、どうしても「怖い」と思ってしまいます。この怖いという言葉を、他の表現に換えてみましょう。

心に響く言いまわし1

怖じ気づく

こんなとき……

一度失敗して怖じ気づいてしまった。

何かをやろうとして怖くなったりすることです。**臆病風に吹かれる**、や**臆病神に取り憑かれる**、も同じ意味です。

心に響く言いまわし2

肝を冷やす

こんなとき……

信号無視の車に肝を冷やした。

恐怖や恐れのために、一瞬冷気を感じること。**肝を潰す**、は非常に驚くことで、ニュアンスが異なります。

心に響く言いまわし3

おののく

こんなとき……

不気味な物音におののいた。

恐ろしさや不安などにおびえて体が震える。**わななく**、も似ていますが、怒りや興奮、寒さなどの場合にも使います。

心に響く言いまわし4

竦み上がる

こんなとき……

先生に怒られて竦み上がった。

驚きや恐れ、極度の緊張などで、まったく体が動かなくなること。**立ち竦む**、や**縮み上がる**、も似た表現です。

「諦める」「しようがない」

諦め方にもいろいろあります

せっかく頑張って続けてきたことも、途中で諦めざるを得ないことがあります。そのようなときに使えるフレーズを紹介します。

心に響く言いまわし1

見(み)切(き)りをつける

こんなとき……

もうあの人には見切りをつけよう。

「これ以上見込みがない」と判断して、見放すこと。これを行うことを「見切りをつける」と表現します。

心に響く言いまわし2

手(て)を引(ひ)く

こんなとき……

先行きの危ない仕事から手を引く。

事業や仕事から退くという意味。相手との関係を断つことを表現したいなら、**手を切る**、を使うといいでしょう。

心に響く言いまわし3

匙(さじ)を投(な)げる

こんなとき……

解決策が見いだせず匙を投げた。

努力したものの、断念すること。調剤用の匙（スプーン）を投げ出す（医者が病人を見放す）の意から。

心に響く言いまわし4

詮(せん)ない

こんなとき……

今さら言っても詮ない話。

しただけの効果や報いがなく無駄な様子。話し言葉よりも書き言葉に用いられます。しようがない、の言い換えに。

「心残り」「惜しむ」「未練」

思い切れない気持ちを表現

あとに思いが残って、すっきり思い切れないことがあります。「心残り」という美しい言葉がありますが、他にどのような表現があるのでしょうか。

心に響く言いまわし1

後ろ髪を引かれる

こんなとき……

後ろ髪を引かれる思いで店を出た。

後ろ髪とは、頭の後ろに生えている髪。思いきれない心情を、髪を後ろに引かれる思いになぞらえて。

心に響く言いまわし2

身を切られる

こんなとき……

身を切られる思いでお別れした。

辛さなどがとても厳しく、体が切られるように感じること。**骨身にこたえる**、は、全身に強く深く感じる、の意。

心に響く言いまわし3

惜しむらくは

こんなとき……

惜しむらくは努力に欠ける点だ。

残念なことには、という意味。常套句の「惜しいことには」よりも落ち着いた感じのする、古風な言いまわしです。

心に響く言いまわし4

愛惜

こんなとき……

過ぎ去った日々を愛惜する。

名残惜しく思うこと。「愛惜」は物などに対して用いますが、同音語の**哀惜**、は人の死などに対して使います。

「がっかり」「へこむ」「心が折れる」

しょんぼり。とほほ……

気落ちした様子を伝えるとき、どうしても「がっかりした」の繰り返しになりがちです。

文面にメリハリをつけるためにも、目先を変えた言葉で言い換えてみましょう。

落胆して〝ぺしゃんこ〟になった人の姿を的確に伝える、言い得て妙な言いまわしを紹介します。

心に響く言いまわし1

打(う)ちひしがれる

こんなとき……

友人からの悲報に**打ちひしがれる**。

精神的な衝撃などを受けて、気力や意欲がなくなる様子。意気消沈することです。「心が折れる」ニュアンスに近いでしょうか。「悲しみに打ちひしがれる」は、おなじみの定型句です。

心に響く言いまわし2

肩を落とす

こんなとき……

不採用の通知に、がっくりと肩を落とした。

がっかりすること。落胆して力が抜け、肩が垂れ下がったようになる様です。日常言葉なら「がっかり」や「へこむ」でしょうか。気落ちして、しょんぼりとした姿を表す常套句です。

心に響く言いまわし3

うなだれる

こんなとき……

まさかの大敗をして、うなだれる選手たち。

落胆や悲しみなどで気持ちが沈み、頭を低く垂れた姿勢をとること。もともとの「うなじを垂れる」から「うなだれる」に。すっかりしょげかえった人を言い表すには、こんな言葉がぴったりです。

心に響く言いまわし4

しおしお

こんなとき……

叱られた子どもたちが、しおしおと部屋を出ていった。

気落ちして、しゅんとした様子のこと。元気なく、しおれたような人を指して**青菜に塩**と言いますが、同じニュアンスがあります。他にも、**しょぼしょぼ**、**すごすご**、といった言葉で言い換えても。

「びっくり」「ハッとする」「驚嘆」

ハッ！　ドキッ！　ビックリ！

驚きは一瞬の心の動揺といえるでしょう。しかし、そこには場面ごとの微妙なニュアンスの違いもあります。

不意をつかれてハッとしたり、鋭い指摘にドキッとしたり、想像を絶する事態に体の自由が奪われたり……。

それぞれの状況にふさわしい言葉を選ぶと、伝えたい心情がより鮮明になります。

心に響く言いまわし1

息(いき)を呑(の)む

こんなとき……

信じられない光景に、思わず息を呑んだ。

驚きや恐怖などで、一瞬息を止めること。風景や女性に対して「息を呑む美しさ」などと表現します。また「緊張しながら見守る」という意味もあり、こちらは息を詰めて注視する様です。

心に響く言いまわし2

と胸を衝く

こんなとき……

彼女の何気ないひと言に、いいと胸を衝かれた。

ドキッとすること。「と」は接頭語で、胸を強めていう語。「と胸」だけでも、驚いてドキドキとする胸、といった意味があります。大和言葉の美しい語感、響きが読み手の心を引きそうです。

心に響く言いまわし3

腰を抜かす

こんなとき……

彼女の変わりように、いい腰を抜かさんばかりに驚いた。

とてもびっくりする様。足腰の力が抜けて、しゃがみこんでしまうほどの驚きです。同じ意味の**肝を潰す**（↓P73）とともに、すっかりおなじみの言葉ですが、ユニークな響きに親しみが持てます。

心に響く言いまわし4

泡を食う

こんなとき……

けたたましいサイレンの音に、泡を食っていい部屋を飛び出した。

驚いて慌てふためく様をいいます。立場が逆転して、人を驚き慌てさせることは**泡を吹かせる**。この他、ひどく慌てる、という意味もあり、こちらは**あたふた**（↓P90）と同じになります。

「嘆く」「ため息をつく」

悲しみ嘆く姿を語彙豊かに表現

悲嘆に暮れる心の内を「悲しい」「嘆く」といった定型句とは違う言葉で表現してみましょう。読み手には新鮮で、心に感じるものがあるかもしれません。

心に響く言いまわし1

憂(うれ)える

こんなとき……

最近のモラルの低下を憂えている。

「悪い状態になるんじゃないか」「なんてよくない状態なんだ」などと、心を痛めて悲しみ、嘆くこと。

心に響く言いまわし2

嘆(たん)じる

こんなとき……

世間を嘆じる反面、期待もしている。

悲しいこと、よくないことであると嘆くことです。「嘆く」よりも耳慣れしない分、印象に残りそうです。

心に響く言いまわし3

無聊(ぶりょう)を託(かこ)つ

こんなとき……

失業後は、無聊を託っています。

することがなく退屈な生活、不遇な立場にある自分を嘆くこと。「無聊」とは退屈なこと、気が晴れないこと。

心に響く言いまわし4

愁嘆(しゅうたん)

こんなとき……

主人公の不運の人生を愁嘆する。

辛く思って嘆き悲しむ、の意。常套句の**悲嘆**、と同じ意味です。芝居の嘆き悲しむ場面を「愁嘆場」と言います。

苦しみ

「頭が真っ白」「パニック」

いっぱい、いっぱいの様子

平たく言えば「パニクった」状況を言い表す言葉です。「フリーズ」は、仲間内やくだけた間柄限定。その他の言葉は比較的親しみがあり、幅広く使えそうです。

心に響く言いまわし1

しどろもどろ

こんなとき……

鋭い問いに、しどろもどろに答える。

言葉や話の内容がとりとめなく、曖昧な様。「しどろ」は秩序なく乱れること。「もどろ」はそれを強調します。

心に響く言いまわし2

支離滅裂（しりめつれつ）

こんなとき……

言っていることが支離滅裂です。

筋道が立たず、めちゃくちゃである様。理屈に合わない様子は**不合理**、物事の道筋・道理が通らない様子は**不条理**。

心に響く言いまわし3

フリーズ

こんなとき……

急な質問に思考がフリーズした。

「動かなくなる」「反応しなくなる」のような意味合いで使われます。少しくだけた、今風の表現と言えるでしょう。

心に響く言いまわし4

我（われ）を忘（わす）れる

こんなとき……

突然の出来事につい我を忘れた。

何かに興奮して、理性を失うこと。冷静な判断ができないこと。物事に心を奪われて、ぼんやりするようなときに。

「責める」「バッシング」

今も昔もバッシングは厳しい

ここに紹介するのは、いずれも耳慣れた言葉です。しかし、改めてよく見ると、人を責める厳しい様が、リアルに表されているものもあります。

心に響く言いまわし1

油(あぶら)をしぼる

こんなとき……

いたずらがばれて油をしぼられた。

相手の不都合な行為を厳しく責めることで、**油をとる**、とも言います。**叱責**、も同様の意味です。

心に響く言いまわし2

槍玉(やりだま)に挙(あ)げる

こんなとき……

計画の責任者が槍玉に挙げられる。

非難や攻撃するべきものとして、特定の人や組織を問題にすること。相手を槍の穂先に突き刺す例えからとか。

心に響く言いまわし3

締(し)め上(あ)げる

こんなとき……

犯人を締め上げて、犯行動機を聴く。

謝罪や見返りを引き出そうとして、相手を厳しく責めること。**吊るし上げる**、は、ひとりを大勢で責めること。

心に響く言いまわし4

言葉尻(ことばじり)をとらえる

こんなとき……

言葉尻をとらえて、難癖をつけてきた。

相手のちょっとした言い間違いに、批判をしたり皮肉を言ったりすること。**揚げ足を取る**、も似たニュアンスです。

苦しみ

「ミスをする」「（ヘマを）やらかす」

「間違い」「失敗」をうまく言い換え

いずれも「間違った」「失敗した」と、あからさまに表現したくないときの言い換えです。はじめの二語はビジネスの場でも使える、大人の言いまわしです。

心に響く言いまわし1

手違い

こんなとき……

手違いでご迷惑をおかけしました。

決められた手順や段取りを間違えることで、**不手際**、も同じ意味。謝罪する際などによく使われる言葉です。

心に響く言いまわし2

落ち度

こんなとき……

手続きに落ち度がありました。

失敗の原因となった過ちや間違いのこと。「ミス」や「間違い」とストレートに言うよりも、耳触りのよい言葉です。

心に響く言いまわし3

手抜かり

こんなとき……

手抜かりのないように気をつける。

物事を行うときの、手続きや段取りが不十分であること。不注意からの失敗などです。**不行き届き**、も同じ意味です。

心に響く言いまわし4

失態を演じる

こんなとき……

新人歓迎会で失態を演じてしまった。

人前で恥ずかしい失敗をしてしまうことです。「失態」とは、ぶざまな行動や、それによって体面を失うこと。

「心配」「気がかり」

どんよりとした胸の内

心配や悩み、不安などでスッキリしない心模様を、その心理状態に合わせて表現してくれる言葉を紹介します。

いずれも落ち着いた、大人の言いまわしばかりです。普段着の文面はもちろん、改まった文章にもなじみます。目上の方をはじめ、広い世代の人たちに発信できそうです。

心に響く言いまわし1

案じる

こんなとき……

あなたの暮らし向きをいつも案じております。

心配する、気遣うのほかに、思い煩うといった意味もあります。言い換えるなら**憂慮**でしょうか。悪い状況になるのでは、と**心を痛める**、**憂える**（→P80）も似たニュアンスを持っています。

心に響く言いまわし2

心(こころ)もとない

こんなとき……

彼ひとりで送り出すのは、いささか心もとない気がする。

頼りなく不安で、落ち着かないこと。「大丈夫かな？」「危なっかしい」など、気がかりな様子を表すときに。「足元が覚束(おぼつか)ない」といった使い方をする、**覚束ない**、も同じ意味になります。

心に響く言いまわし3

気(き)に病(や)む

こんなとき……

得意先での失態を、いたく気に病んでいたようだ。

心配して悩むこと。大変苦労に感じること。心配性の人や、気が小さい人に見受けられる様子です。これに似た表現が**気をもむ**。あれこれと心配して、ひとりでやきもきすることです。

心に響く言いまわし4

眉(まゆ)を曇(くも)らせる

こんなとき……

思ったほど伸びない売り上げに、社員たちはいずれも眉を曇らせている。

顔をしかめた心配顔のこと。気にかかることや、不快な思いに**眉をひそめる**、様子です。浮かない顔を表す際の常套句といえるでしょう。この逆は**眉を開く**。心配事がなくなった安堵の表情を言います。

「緊張する」「ハラハラ」「ドキドキ」

心に響く言いまわし1

固唾（かたず）をのむ

こんなとき……

やっかいな交渉の様子を、固唾をのんで見守る。

気がかりな事の成りゆきを、緊張しながら見守る様子。固唾とは緊張した際、口中にたまる唾液のことです。堅い表現にするなら**動静を注視する**、**動向を見守る**、などが、同じようなニュアンスになります。

胸の鼓動が聞こえる

「ハラハラ」「ドキドキ」と表現しても、緊張の様子は読み手と共有できるかもしれません。

しかし、緊張に高鳴る胸の鼓動まで聞こえそうな、張りつめた臨場感は表現できません。そこで、語感からその場の情景が浮かんでくるような、深みのある言葉に言い換えてみましょう。文面に緊迫感が添えられます。

心に響く言いまわし2

手に汗（を）握る

（て・あせ・にぎ）

こんなとき……

追いつ追われつ、手に汗握る好ゲームになった。

緊迫した場面や危険な様子を見て、ハラハラ、ドキドキする様。手のひらにうっすらと、緊張の汗をかいた経験がある方には、その臨場感がよくわかるかもしれません。スポーツ観戦の感想などに。

心に響く言いまわし3

息詰まる

（いき・づ）

こんなとき……

会議室に息詰まる緊張感が漂い始める。

思わず息を止めるくらいに緊張する様子。緊迫感のある状態を表す常套句です。緊張のあまり呼吸が苦しくなる、という意味も。**息苦しい**、も似た意味。「圧迫感で息が詰まる感じ」を表します。

心に響く言いまわし4

ひやひや

こんなとき……

嘘がばれやしないか、内心ひやひやしていた。

心配や恐怖のため、気が気でない様子。くだけて言えば**ビビる**、がぴったり。秘密や隠し事がバレないか、ドキドキしているような状況で使います。**びくびく**、**おずおず**、**おどおど**、も似た意味です。

「困る」「どうしよう」

「やれやれ」「やばいなあ」

万策尽き果て、手も足も出ない状況を表現するとき、どうしても「困った」「ピンチ」「困難」など、限られた言葉に頼りがちです。

そんなときはここで紹介する言いまわしを使って、悶々としたり、立ち往生したり、さらには四苦八苦している様子をいきいきと伝えてみては。

心に響く言いまわし1

頭(あたま)を抱(かか)える

こんなとき……

次々と持ち込まれる苦情に、頭を抱えこんだ。

心配や悩み事に考え込む様。すっかり困り果てた様子を表す常套句です。おなじみの表現なので、読み手を選ばず無難に使えます。言い換えをするなら**思案に暮れる**、**窮する**、といった言葉があります。

心に響く言いまわし2

途方に暮れる

こんなとき……

大量の返品を目の当たりにして、途方に暮れてしまう。

方法や手段が尽きて、どうしようもない様。完全にお手上げの状態です。**途方を失う**、という言い方もあります。漢語で言い換えるならば**当惑**。どうしたらいいか迷い、戸惑うことです。

心に響く言いまわし3

倦む

こんなとき……

彼女の待ち倦んでいた日が、ようやくやってきた。

行き詰まって、もてあます様子。現代語では「考え～」「攻め～」など、一定の用いられ方が目立ちます。例文の「待ち倦む」は待ちわびること。同義語で「うむ」と読む場合は、退屈する、飽きるの意。

心に響く言いまわし4

窮地

こんなとき……

好景気も束の間で、たちまち窮地に陥ってしまった。

追い詰められて、逃れようのない苦しい状態や立場を言います。「窮地に追い込まれる」「窮地を脱する」などはおなじみの表現。**苦境**、**針の筵**、といった言葉も、同じようなニュアンスを持っています。

「慌てる」「動転する」

パニクる様子を表す言葉たち

日常会話なら「ドタバタ」や「ジタバタ」で慌てた様子を伝えられますが、文面ではそうもいかない場合があります。

落ち着きを失くし、パニックとなった状態を、さまざまな言葉で表現してみましょう。「度を失う」や「周章狼狽」は耳慣れないかもしれませんが、語彙に加えておきたい書き言葉です。

心に響く言いまわし1

あたふた

こんなとき……

大事な書類が見当たらず、いい大人があたふたと探し始めた。

我を失って、慌て騒ぐ様。「と」を伴って「あたふたと」のように用いられる場合がほとんどです。**右往左往**、も同じ意味。混乱して、こっちへ来たり、あっちへ行ったり、うろうろする様です。

心に響く言いまわし2

度を失う（どをうしなう）

こんなとき……

思いがけない打ち明け話に、一瞬度を失った。

ひどく驚いて、落ち着きを失う様。心の平静を失うことです。**気が動転する**、や**パニックになる**、などの改まった言い換え。似た表現の**色を失う**、は、強い驚きなどで顔が青ざめること。**顔色なし**、とも。

心に響く言いまわし3

取り乱す（とりみだす）

こんなとき……

先日はつい取り乱してしまい、お恥ずかしい限りです。

心の落ち着きを失って、見苦しい様子を見せること。あたりをはばからず泣き崩れたり、感情的になって大声を出したりなど、平静では考えられない様子を指します。**挙措を失う**、も同じ意味。

心に響く言いまわし4

周章狼狽（しゅうしょうろうばい）

こんなとき……

警察からの突然の電話に周章狼狽した。

うろたえて騒ぐ様。前出の「あたふた」と同様に、慌て騒ぐことです。「周章」と「狼狽」は、どちらも「慌てふためく」ということ。同じ意味の言葉を重ねて、その様を強調しています。

「疑う」「不審」「怪しい」

「怪しい」「おかしい」を言い換え

人を疑う気持ちを表現します。多用しがちな「怪しい」「おかしい」を言い換えることで、文面に変化が出るうえ、表現の深みも感じられるようになります。

心に響く言いまわし1

訝(いぶか)しむ

こんなとき……

彼の不可解な行動を訝しんでいる。

変だなと思うことを意味する「**訝(いぶか)る**」を、古風な言い方にしたもの。**疑う**、**怪しむ**、以外に覚えておきたい言葉です。

心に響く言いまわし2

勘(かん)ぐる

こんなとき……

隠し事をしていると勘ぐられる。

気をまわして考えたり、相手を疑って推量すること。表現の似た**腹をさぐる**、は、それとなく相手の心中を探ること。

心に響く言いまわし3

首(くび)を傾(かし)げる

こんなとき……

彼の説明には、みんなが首を傾げた。

何かを不審や疑問に思うときの動作。似た表現の**首をひねる**、は不満や不賛成などの気持ちで考え込む様を言います。

心に響く言いまわし4

胡(う)散(さん)臭(くさ)い

こんなとき……

どこか胡散臭い人だと思っていた。

態度などがどことなく怪しく、疑わしい様子。信用していいか疑わしい様子は、**如何(いかが)わしい**、と表現します。

不安・悩み

「迷う」「ブレる」

迷いを否定しない言葉で

心の迷いや不安な気持ちを表す言葉は、否定的なものばかりではありません。信念がなくて迷っているのではなく、慎重になっている気持ちも伝えましょう。

心に響く言いまわし1

二の足を踏む

こんなとき……

契約の直前で二の足を踏む。

思い切って物事を進められないこと。一歩目は踏み出せたものの、二歩目になると迷っているような状況で使います。

心に響く言いまわし2

とつおいつ

こんなとき……

将来について、とつおいつ思案する。

考えが定まらないこと。取りつ置きつ（手にとったり、置いたり）するように悩むことで、迷う気持ちを表します。

心に響く言いまわし3

ぐらつく

こんなとき……

意見が合わず、信念がぐらついた。

気持ちや考えが不安定で、揺れ動いていること。かしこまらずに、迷う思いが伝わり、共感を得やすい表現です。

心に響く言いまわし4

懐疑

こんなとき……

恋人の話を懐疑的に聞いてしまう。

疑いを持つこと。「懐疑の念」「懐疑的」などと使います。決定的な根拠がなく、自信をもって決められないときに。

「軽率」「うっかり」

軽々しい言動を表す言葉

根なし草のように安定感がなく、軽く、危なっかしい言動を表現する言いまわしです。お調子者、チャラ男、軽薄といった言葉に重なる部分もあるのでは。

心に響く言いまわし1

軽（かる）はずみ

こんなとき……

軽はずみな発言は控えてもらった。

深い考えのない、その場の勢いによる行為や言動のこと。同じ意味でも**浅はか**、は、やや改まった言いまわしです。

心に響く言いまわし2

浮（うわ）つく

こんなとき……

浮ついた風潮が世間に広がっている。

調子に乗ったり、集中力を欠いたりして軽薄な感じがすること。うきうきして落ち着きがない様。「チャラい」。

心に響く言いまわし3

上（うわ）滑（すべ）り

こんなとき……

上司の上滑りな言動に呆れてしまう。

軽々しく、深く考えられない、の意。物事のうわべだけしか見ることができず、本質まで迫れないこと。

心に響く言いまわし4

うかうか

こんなとき……

うかうかしていると、取り残される。

注意が行き届かず、うっかりしている様。ぼんやり過ごす様や、気持ちが落ち着かない様子も表す言葉です。

不安・悩み

「やばい」「危ない」「あわや」

ひしひしと感じる緊迫感

危険、不穏、緊迫といった緊張感みなぎる状況を表す言葉です。「危ない」「やばい」とは異なる、切迫した思いが語感から伝わらないでしょうか。

心に響く言いまわし1

すんでのところ

こんなとき……

いいいいすんでのところで間違いに気づいた。

危ういこと。もう少しで物事が間に合わなかった、という差し迫った感じが伝わる言葉です。**きわどい**、も同じ。

心に響く言いまわし2

薄氷を踏む

こんなとき……

交渉成立には薄氷を踏む思いだった。

非常に危険な状況にのぞむ様。薄い氷の上を歩くように、神経を張りつめて、難局を乗り越えるような状況を表します。

心に響く言いまわし3

徒ならぬ

こんなとき……

社内には徒ならぬ空気が漂っている。

普通ではなかったり、いつもとは違ったりすること。不穏なことをイメージさせる言葉。**徒ならない**、とも使います。

心に響く言いまわし4

焦眉の急

こんなとき……

地球温暖化の解決は、焦眉の急だ。

状況が差し迫っていること。差し迫った危険。眉毛が焦げるくらいに、火が目の前に近づいているの意。**危急**、も同。

「もめる」「仲が悪い」

不穏のときこそ穏やかな言葉を

関係の悪さをストレートに表現することを避け、巧みな言いまわしにしてみましょう。いくぶん角がとれ、文章から受ける印象が変わります。

心に響く言いまわし1

波風（なみかぜ）が立（た）つ

こんなとき……

波風を立てるような言動を慎む。

平穏だったところに、問題が起こること。解決につながらず、むしろ解決が遠のいたり、妨げたりする言動に使います。

心に響く言いまわし2

軋轢（あつれき）

こんなとき……

ライバル会社との軋轢は避けたい。

関係が悪くなること。不和。本来は車輪が軋（きし）む不快な音の意。「軋轢が生じる」といった形でよく用いられます。

心に響く言いまわし3

ぎくしゃく

こんなとき……

姉とはぎくしゃくした関係のままだ。

言動がぎこちない様。物事がなめらかに進まない様子。しっくりいかない人間関係にも用いられます。

心に響く言いまわし4

すき間風（まかぜ）が吹（ふ）く

こんなとき……

両家の間にすき間風が吹いている。

ふたつの関係に隔たりがあること。関係が悪化した状態を表します。人間関係でも、組織や団体の関係でも使います。

不安・悩み

「ひそかに」「秘密」

悪い印象を与えず、慎み深く

「秘密」という言葉は、相手や場面によっては、悪い印象を与えてしまうことも。しかし、言いまわしひとつで、慎み深い印象の表現ができます。

心に響く言いまわし1

人知れず

こんなとき……

人知れず胸を痛めていた。

人に気づかれずに、の意。「〜思い悩む」など、秘かな行為を表します。陰で悪事を行っている場合には使いません。

心に響く言いまわし2

人目を忍ぶ

こんなとき……

人目を忍び、親子でひっそり暮らす。

人に知られないように、隠れて行うこと。他人に見られないように気を配ること。どこか秘密めいた響きがあります。

心に響く言いまわし3

内輪

こんなとき……

内輪のことを公にする必要はない。

外部に知らせない内情。広く伝わらないようにしたいときに使います。または外部の人間を交えない「身内」の意も。

心に響く言いまわし4

内聞

こんなとき……

それについては、ご内聞に願います。

表沙汰にしないこと。約束やもめ事などを公にせずに、解決してほしいときに用います。**内密**、と言い換えても。

共感をよぶ いいね! フレーズ

料理・味 2

ここでは料理などの風味や食感、見た目に関する表現を紹介します。印象的かつ的確な言葉で、微妙なニュアンスまで伝えましょう。

いつものフレーズ

「いい味」「風味がある」「出汁が利いている」「いい香り」

言い換えフレーズ

昔ながらの**風味豊かな**おせんべいをいただきました。

味とともに香りも楽しめる食べ物に用います。同じ意味で、お酒には**芳醇**(ほうじゅん)、がしっくりきます。

深みのある味わいが印象的なチョコレート。

前項の「風味」と似た意味の「味わい」は、イメージのふくらむ表現で。**奥行きのある〜**、**重層的な〜**、なども。

秘伝のタレが**いい味を出している**。

料理などのある一点にフォーカスした紹介のしかたです。**〜が味を一段と引き立てる**、**〜のアクセントが利いた**、なども。

豪華な**インスタ映えする**料理が並びました。

食べ物に限らず、見映えのするモノ全般に。**アップしたくなる**なども同じ状況で使います。

口あたりのよいアイスクリームでした。

食感は舌触り、歯触りのほか、**喉ごし**、などで表現します。口あたりは**滑らかな舌触り**、に近い感覚です。

シャキシャキとした食感が自慢の野菜サラダ。

野菜などの歯切れのよい食感を表します。カツなどの衣は**サクサク**、シャーベット状のものは**シャリシャリ**。

第三章

愛情　感謝　敬意

温かい思いをさりげなく伝える

「恋する」「心惹(ひ)かれる」

大和言葉で恋心を

大和言葉特有の優しい響きや温かみのある語感にのせて、胸のときめきを表現する言いまわしを集めました。和語を差しはさむことにより、優雅さや奥ゆかしさを感じる文面になります。

また、「恋初める」「片恋」といった古語は、新鮮な印象とともに、品格や格調を文章に添えます。

心に響く言いまわし1

慕(した)わしい

こんなとき……

いつしか、彼を慕わしく感じるようになった。

心が惹かれて、その相手を好ましく思う様。「恋しい」という感情とほぼ同じです。恋い慕うことは**恋慕**(れんぼ)。さらに**横恋慕**、と言えば、既婚者や恋人のいる人に対して、横合いから思いを寄せることです。

心に響く言いまわし2

心を寄せる

こんなとき……

ずいぶん昔、彼女に心を寄せた時期もあった。

心と心が寄り添うような、ほんわか温かな語感があります。相手に好意を抱くことです。**思いを寄せる**も同じ意。また、熱中する、関心を持つといった意味もあり、こちらは趣味などに没頭すること。

心に響く言いまわし3

恋初める

こんなとき……

彼を恋初めたのは初秋の頃でした。

恋の始まり。語感に独特の味わいがある古語です。同じ意味で**思い初める**という言いまわしも。「初める」は「〜し始める」「初めて〜する」こと。一目惚れを**見初める**、**馴れ初め**、は恋のきっかけです。

心に響く言いまわし4

片恋

こんなとき……

ずいぶんと熱をあげましたが、結局は片恋に終わりました。

片思いを言う古語です。めでたく恋が成就するのは**諸恋**。万葉集などに見られる「片恋夫（妻）」は、亡くなった配偶者を今も恋い慕う夫や妻のこと。今に変わらぬ、古人の切なる愛情がうかがえます。

「夢中」「メロメロ」

まっしぐら

寝ても覚めても、好きな人の姿が頭から離れない。そんな切なく、苦しく、ときには甘い感情を表現しましょう。こうした状況で多用される「夢中」に替わる言いまわしです。

ひたむきな思いを表す言葉ばかりですが「首ったけ」「ぞっこん」には、どこか明るさや軽みといった語感があります。

心に響く言いまわし1

焦(こ)がれる

こんなとき……

彼女が彼に焦がれる気持ちはよくわかる。

胸が苦しくなるほど、一途に恋い慕う様。切ないまでに思いを寄せることです。**思い焦がれる**、**恋い焦がれる**も同じ意味で使われます。また、憧れのように、そうなりたいと強く望むことも言います。

心に響く言いまわし2

首(くび)ったけ

こんなとき……

彼女はあの人に、すっかり首ったけの様子だった。

歌や映画のタイトルにも見られる、親しみのある言葉です。特定の相手に夢中になっている様を、ユニークに表現した語。首の高さまで沈み込むほど、深みにハマった異性への恋情を表しているとか。

心に響く言いまわし3

ぞっこん

こんなとき……

今もご主人は奥様にぞっこんらしい。

本来は、心の底から、本気で、という意味。今では、心の底から愛している様を表します。「ぞっこん惚れ込む」という古い常套句も。「首ったけ」がメロメロなら、こちらはデレデレでしょうか。

心に響く言いまわし4

熱(ねつ)を上(あ)げる

こんなとき……

イケメンタレントにいい年をして熱を上げる。

何かに熱中する、夢中になること。「ずいぶん彼にお熱だね」のように、恋愛対象への傾倒ぶりを表すことも。若者の微笑ましい恋愛や、アイドルに入れ込む姿などを表現するのによさそうです。

「気に入る」

本来の気持ちを伝えたい

好みにかなったことを表す「気に入る」を、もう少し丁寧に言い表した言葉に言い換えます。心に浮かんだ感情が、もっと上手に伝わるようになります。

心に響く言いまわし1

目(め)をかける

こんなとき……

目をかけた部下が出世していく。

注目してひいきにすること。「昔、社長に目をかけられたそうだ」など、受け身の形でもよく使われます。

心に響く言いまわし2

意(い)にかなう

こんなとき……

意にかなうグループをつくる。

気持ちに合っている、の意。少し堅いですが、「考えに合う」という意味を含ませられます。**心にかなう**、も同じ。

心に響く言いまわし3

お眼鏡(めがね)にかなう

こんなとき……

彼は父のお眼鏡にかなったようです。

目上の人の気に入る、の意。自分より目上の人から評価されているのがポイント。目下から目上の人には使えません。

心に響く言いまわし4

気(き)に染(そ)む

こんなとき……

気に染まぬ仕事では身が入らない。

気に入ること。「気に染まない相手」など、否定の形でよく使われます。古風な趣のある言葉です。

「代わりのない」「オンリーワン」

「たった一つ」という貴重さ

「ただ一つだけ」の存在を表現するときの言いまわしです。カタカナで「オンリーワン」というだけでは、心の奥から伝えたとは言えません。

心に響く言いまわし1

かけがえのない

こんなとき……

かけがえのない友人を失った。

代わりになるものがない、の意。とても大切な、物や事を表現するときに効果的。失ったものの大きさがわかる言葉。

心に響く言いまわし2

余人(よじん)をもって代(か)えがたい

こんなとき……

余人をもって代えがたい人だった。

他の人に代わりをさせることができない、の意。「この人でなくてはダメ！」という強い気持ちが伝わります。

心に響く言いまわし3

唯一無二(ゆいいつむに)の

こんなとき……

私には唯一無二の親友がいる。

ただ一つあって、二つとないこと。「唯一」だけでも「ただ一つ」の意味ですが、さらに強めた言いまわしです。

心に響く言いまわし4

無類(むるい)の

こんなとき……

彼女は無類の猫好きで知られる。

他に比べるものがないほど、抜きん出て、優れていること。簡単な言いまわしの**並びない**、も、同じような意味。

「超かわいい」「やばい」

子どもやペットを大絶賛！

小さな子どもやペットたちの、かわいらしい様子を表す言葉を集めました。

愛しくて愛しくてたまらない、そんな思いがたっぷりと込められる、温かさいっぱいの言いまわしばかりです。「超かわいい」の一点張りからひとひねり。いきいきとした表情や姿を伝えましょう（↓P138、P168）。

心に響く言いまわし1

愛くるしい

こんなとき……

愛くるしい子犬たちが、庭を駆けまわっている。

子どもや小動物などの、愛嬌を含んだかわいらしい様子。**愛らしい**、や、古い言いまわしの**愛愛しい**、などとの言い換えもできます。ペットの近況をＳＮＳやメールなどで発信する際、こんな表現も。

心に響く言いまわし2

あどけない

こんなとき……

女の子のあどけないしぐさにノックアウトされた。

無邪気でかわいい様。することが幼い様子です。幼い子どもの姿を表すことが多いですが、「あどけない少女」「あどけなさが残る横顔」など、子どもっぽさを感じさせる青少年や大人に使うことも。

心に響く言いまわし3

人懐（ひとなつ）こい

こんなとき……

人懐こい赤ちゃんが、みんなに愛嬌をふりまいた。

すぐ人と打ち解けて、親しみやすい性質、その様子。「人懐こい子猫」など、ペットや小動物の無邪気な姿にもぴったり。純粋で無防備ゆえの愛らしさに、こちらの心まで和む感覚が伝わります。

心に響く言いまわし4

お茶目（ちゃめ）

こんなとき……

元気でお茶目な男の子でした。

子どもらしい、愛敬のあるいたずらをする様。活発な子どもの様子を表す常套句です。子どもに限らず、そうしたことが好きな大人を指して「**茶目っ気**たっぷりな人」などと表現することも。

「大切なもの」「お宝」

どれくらい大切なのか

ずっととっておきたいもの。言いまわしによって、それがどれくらい大切なのかを伝えることができます。多彩な言葉で表現してみましょう。

心に響く言いまわし1

とっておき

こんなとき……

いざというときのチョコレート。

"いざ"というときのために、大切にしまっておくこと(もの)。**秘蔵の**、**奥の手**、**切り札**も同じ意。

心に響く言いまわし2

虎の子

こんなとき……

虎の子の貯金がまだある。

大切にしていて、決して手放さないもの。虎が自分の子をかわいがるように、手中や懐で慈しむ感じが出せます。

心に響く言いまわし3

掌中の珠

こんなとき……

息子を掌中の珠と慈しんで育てる。

もっとも大切にしているもの、の意。特に、最愛の我が子を言い表した言葉。**目の中に入れても痛くない**、も同じ意。

心に響く言いまわし4

至宝

こんなとき……

あの先生は、学界の至宝だ。

きわめて大切な宝。何よりも大切に思っていることを表現できます。書き言葉にすると、それほど重く感じません。

「優しい」「温かい」

温かさの度合いを表現

「優しい」だけでは伝え切れないものもあります。心にほっこりと温かな感情が生まれたとき、そのままのぬくもりを言葉にのせて伝えましょう。

心に響く言いまわし1

温かみ

こんなとき……

温かみのある手書きのメッセージ。

親切や思いやりのある様。手厚いもてなしや、きめ細かな心遣いなど、温情が身にしみる様。**心温かな**、も同じ。

心に響く言いまわし2

血の通った

こんなとき……

血の通った政治が望まれる。

人間味や人情味がある様。形式的ではない、人として真っ当であることの例え。**人間味のある**、**人情のある**、も同じ。

心に響く言いまわし3

ぬくもり

こんなとき……

あの人のぬくもりが伝わる贈り物。

温かみ、ぬくみ、の意。「温もり」と書きますが、ひらがなでそのまま表現してもほんわかとするものを感じます。

心に響く言いまわし4

慈悲深い

こんなとき……

あのお寺には慈悲深い僧侶がいる。

他を慈しみ、あわれむ気持ちが深いこと。もとは仏教用語で、「慈」は友愛の意味。**情け深い**、**哀れみ深い**、も同じ。

「お恥ずかしい」「恥ずかしながら」「羞恥」

心を込めて謝るフレーズ

公式な場面でこちらの非を認める場合には「こんなミスをして恥ずかしい」という思いを示すことで、心からの謝意を表しましょう。

ここに紹介するのは、そんな状況でよく目にする、覚えておきたいフレーズです。

形式に流されすぎず、フランクにもならない、大人の対応ができる言いまわしです。

心に響く言いまわし1

面目(めんもく)ない

こんなとき……

大変なご迷惑をおかけし、面目ない次第です。

恥ずかしくて顔向けできない、人に合わせる顔がない、の意。仕事上の失態を演じたような場面で、謝罪と反省の気持ちを込めて使われるビジネス言葉でもあります。**肩身が狭い**、**合わせる顔がない**、も同じ。

心に響く言いまわし2

恥じ入る

こんなとき……

自分の至らなさに、ただ恥じ入るばかりです。

非常に恥ずかしく思うこと。深く恥じる様。恥辱と後悔の入り混じった気持ちを表すときに用います。**汗顔の至り**、とも言い換えられます。こちらは顔に汗をかくほど、恥ずかしく感じること。

心に響く言いまわし3

忸怩たる

こんなとき……

みなさんの期待に応えられず、忸怩たるものを感じています。

非常に恥ずかしい、といった気持ちを表す言葉。ビジネス言葉として定着した「〜思い」は、自分の行いについて心の中で恥じ入る、の意。改まって謝罪や反省の気持ちを込めるフレーズです。

心に響く言いまわし4

慙愧（の念）に堪えない

こんなとき……

このような不祥事を引き起こし、慙愧の念に堪えません。

自分の言動を振り返り、自ら反省して恥じる、また、それを他人に対しても恥ずかしく思う、という二つの意味を持ちます。正式な謝罪や反省の文面において、真摯に謝意を伝えるために用いる言葉です。

「照れる」「はにかむ」

照れているときの本心

照れたり、恥ずかしい思いをしたときの表現方法です。どのように照れたのか、どれくらい照れているのかを的確に伝えたいときに。

心に響く言いまわし1

面(おも)はゆい

こんなとき……

先生にほめられて、面はゆかった。

照れくさい、きまりが悪い、の意。「面映い」と書きます。単に「照れる」よりも、多くの感情が伝わるでしょう。

心に響く言いまわし2

こそばゆい

こんなとき……

ほめられすぎて、こそばゆく感じます。

ほめられて、照れくさい思いがすること。実力以上に評価されて「ムズがゆい」ような気持ちを表現できます。

心に響く言いまわし3

きまりが悪(わる)い

こんなとき……

きまりが悪くなって下を向いた。

面目が立たない、恥ずかしい、の意。体裁が整っていない様子を伝えることができます。**ばつが悪い**、**不体裁**、も同じ。

心に響く言いまわし4

頬(ほほ)を赤(あか)らめる

こんなとき……

彼からの告白に、私は頬を赤らめた。

恥ずかしさで顔が赤くなること。恥ずかしさの度合いを増した場合、**顔に紅葉を散らす**、という美しい言いまわしも。

「仲がよい」「親しくする」

親密度、関係性で使い分ける

仲がよいとひと口に言っても、その人間模様はさまざまです。どれくらい深い付き合いなのか、その温度差を伝える言葉はたくさんあります。

心に響く言いまわし1

仲睦まじい

こんなとき……

隣の家族は仲睦まじい。

とても仲がよい、間柄が親密であること。お互いの気持ちがよく通じ合っていること。**睦まじい**も同じ意味です。

心に響く言いまわし2

誼を結ぶ

こんなとき……

ひょんなことから、彼との誼を結んだ。

親しい間柄になる、親しく交わる、の意。誼とは、「親しみ」や「縁故」などのこと。**誼を通ずる**、も同じ。

心に響く言いまわし3

打ち解ける

こんなとき……

やっとクラスメートと打ち解けた。

警戒心や遠慮が消え、お互い親しくなる様。氷が溶けるように隔たりが消え、互いの距離が縮まる様子を表せます。

心に響く言いまわし4

懇意

こんなとき……

彼女とは20年来、懇意にしている。

親しく交際していること、仲よく付き合うこと。遠慮のいらない、本当に親しい関係性であることが伝わります。

「思い出す」「懐かしむ」

昔や過去を思い返す言葉

過ぎ去った時間や、すでに亡くなってしまった人などを語るときに使える言葉です。改まった場面で用いることが多いので、覚えておくと重宝します。

心に響く言いまわし1

偲ぶ（しのぶ）

こんなとき……

亡き人を偲んで、涙が流れた。

過去を懐かしんだり、同情や称える気持ちで思い出すこと。「故郷を～」「過去の繁栄が～ばれる」などと用います。

心に響く言いまわし2

追憶（ついおく）

こんなとき……

幼い頃の自分を追憶する。

過ぎ去ったことや故人を懐かしく思い出す、の意。「甘い追憶にふける」などと使われます。**追懐**、も同じ。

心に響く言いまわし3

懐旧（かいきゅう）

こんなとき……

映画を観て、懐旧の情にかられた。

昔を思い出して、懐かしむこと。少し堅い印象がありますが、改まった場面でも使えます。**懐古**、も同じ。

心に響く言いまわし4

こしかた

こんなとき……

自分のこしかたを振り返ってみた。

過去、過ぎ去った時間、の意。「来し方」と書きます。大和言葉ならではの柔らかな語感が印象的です。

愛情

「親切」「心遣い」

温かな心配りに感謝

他人の親切や温かな心遣いは嬉しいもの。相手の思いの深さを表す、愛情にあふれた言いまわしを紹介します。手紙やメールに挿むと、文面に情が出ます。

心に響く言いまわし1

懇ろ（ねんごろ）

こんなとき……

昨夜は懇ろにもてなされた。

親身である様。心がこもり、丁寧という意味が含まれた言葉です。また、男女の仲が親密であることにも使います。

心に響く言いまわし2

濃やか（こまやか）

こんなとき……

子どもに濃やかな愛情を注ぐ。

思いやりの気持ちが行き届いている様です。「親切にしている」以上のニュアンスが伝わる言葉。**細やか**、とも表記。

心に響く言いまわし3

心尽くし（こころづくし）

こんなとき……

心尽くしの手料理だった。

人のために細々と気を遣う、の意。手間暇かけてくれた相手へ、感謝の気持ちを伝えるときにもぴったりな表現です。

心に響く言いまわし4

手厚い（てあつい）

こんなとき……

母に手厚く看病してもらった。

もてなし方や取り扱いが丁寧な様。「手」には「人とのつながり」の意味が含まれる分、情愛豊かな語感になります。

「甘やかす」「ゆるい」「寛大」

いつもの表現に情をプラス

「甘やかす」などの耳慣れた言葉は、どこか感情がこもらない感じもします。そこに情愛を少し添えられるような、深みのある語彙を使ってみましょう。

心に響く言いまわし1

手ぬるい

こんなとき……

手ぬるい処分が下った。

扱い方が厳しくなく、寛大であること。婉曲的な表現なので、角を立てずに非難するときなどに。**生ぬるい**、も同じ。

心に響く言いまわし2

甘い顔を見せる

こんなとき……

相手に甘い顔を見せたのが間違いだ。

「甘い」には、厳しさに欠けている、などの意味が含まれ、「顔」には、体面や面目といった意味があります。

心に響く言いまわし3

ちやほや

こんなとき……

ちやほやされて、恐縮してしまう。

相手を甘やかしたり、機嫌をとったりする様。子どもなどに対する、下にも置かない歓待ぶりを表すときなどに。

心に響く言いまわし4

寛容

こんなとき……

寛容な態度で許してあげた。

心が広く、他人を厳しくとがめない、の意。懐の深さや度量の大きな様子を言い表せる言葉です。

「覚える」「記憶する」

記憶の程度を伝える

はっきりと覚えているのか、あいまいにしか覚えていないのか。そのような状況を的確に、しかもスマートに伝えられる言葉を紹介します。

心に響く言いまわし1

心(こころ)に留(と)める

こんなとき……

恩師の言葉を心に留めておく。

心にかけておく、いつも意識しておく、の意。「覚えておく」よりも丁寧で、味わいのある印象になります。

心に響く言いまわし2

心(こころ)覚(おぼ)え

こんなとき……

言われてみれば、私に心覚えがある。

覚えていること、または、その事柄。「記憶」や「メモ」といった日常語をあえて使わず、優しい響きの大和言葉に。

心に響く言いまわし3

諳(そら)んじる

こんなとき……

年配の男性が漢詩を諳んじている。

書物など目にしなくても、そのままの内容が口を衝いて出てくる様。改まった文章にも。**諳んずる**、**暗誦する**、とも。

心に響く言いまわし4

うろ覚(おぼ)え

こんなとき……

うろ覚えの話で申し訳ございません。

はっきりせず、ぼんやりとしか覚えていない、の意。「空覚え」と書きます。記憶が心もとない様子を伝えられます。

「か弱い」「デリケート」

さまざまな「弱さ」を表現

弱々しさを伝える言いまわしには、普段聞きなれない言いまわしが少なくありません。しかし、だからこそ、ここぞというときに使うと価値が出ます。

心に響く言いまわし1

華奢（きゃしゃ）

こんなとき……

大勢が囲むには華奢なつくりの机。

弱々しい、頑丈でない、の意。姿がほっそりしていて上品な意味で使われますが、つくりが頑丈でないときにも。

心に響く言いまわし2

脆弱（ぜいじゃく）

こんなとき……

海沿いの脆弱な地盤が心配だ。

もろくて弱いこと。「ソフトウェアの脆弱性」といった言葉で身近に。「きじゃく」は、よくある誤読の例。

心に響く言いまわし3

なよなよ

こんなとき……

なよなよとした性格の男の子。

力がなくて弱々しい、しなやかな様子。「と」を伴って「なよなよと」の形で用いられることが多いようです。

心に響く言いまわし4

あえか

こんなとき……

あえかな小鳥が庭にやってくる。

はかなげな様。美しく、か弱げな様子を言います。華奢を意味する古語。優しい響きを持つ言葉です。

「噂を聞く」「ゴシップ」

婉曲的に表現する噂

「噂を聞いた」という表現は、やや率直すぎて抵抗を感じる人もいるのでは。噂の対象となっている人にも配慮して、婉曲的な言葉を選びたいものです。

心に響く言いまわし1

漏(も)れ聞(き)く

こんなとき……

私が漏れ聞いたところによると……。

噂や人伝てに聞く、ひそかに聞く、の意。話が本当かどうか、確証が持てないときに使えます。**耳にはさむ**も同じ。

心に響く言いまわし2

風(かぜ)の便(たよ)り

こんなとき……

彼女の病状を、風の便りに聞いた。

どこからともなく伝わってくる噂のこと。話の真相が不確かなときに用いられます。**伝え聞く**、**風聞**(ふうぶん)、も同じ。

心に響く言いまわし3

聞(き)き及(およ)ぶ

こんなとき……

お噂はかねがね聞き及んでおります。

以前から聞いて知っている、人伝てに聞いて知る、の意。他人から何かを聞いた場合にのみ使うことができます。

心に響く言いまわし4

風評(ふうひょう)

こんなとき……

震災のあと、風評が立ってしまった。

世の中で取り沙汰（噂をする）すること。（よくない）噂そのものも指します。**風説**、**流言**、も同じ。

「感謝」「ありがたい」

いろいろな「ありがとう」を使い分け

相手や状況によって、感謝の気持ちを表す言葉も変わります。改まった場面では、謙虚で真摯な言いまわしを。恩義や信頼で結ばれた交わりでは、心の通い合うフレーズを。そして気の置けない関係の中では、くだけた表現にのせて。

シーンに応じた「ありがたい」を伝えましょう。

心に響く言いまわし1

深謝（しんしゃ）

こんなとき……

ご丁寧な対応に
深謝いたします。

心から感謝すること、また、心から詫びること。対照的な二つの意味を持ちます。目上の人や改まった状況などで用います。「ご厚情に深謝いたします」は、相手の深い心遣いに対する謝辞の常套句。

心に響く言いまわし2

身に余る

こんなとき……

身に余るお言葉をいただき、大変恐縮しています。

自分の受ける処遇が、身分や業績を超えてよすぎること。「身に余る光栄」は、「私などにもったいないほどの名誉なこと」という、謙遜を含んだ感謝の表現に。目上の人からほめられたような場合に。

心に響く言いまわし3

陰になり日向になり

こんなとき……

陰になり日向になり、生徒たちを導いてくれた恩師。

あるときは人知れず、またあるときは表立って、何くれとなく援助すること。温かく懐かしい語感があります。いつも心の支えとなってくれた方を、こんな言葉で表現したいものです。

心に響く言いまわし4

ありがたき幸せ

こんなとき……

大好物を送っていただき、ありがたき幸せにございます。

めったにない、幸運、の意。時代小説や時代劇でも使われる古風な言いまわし。本来は、目上の人に感謝の意を伝える言葉ですが、親しい間柄のおどけた表現として使ってみては。妙なおかしみがあります。

「恐縮です」「すみません」

襟を正して感謝する

改まった文面やビジネス文章などで、感謝やお礼の気持ちを伝える言葉を紹介します。他人の好意、親切はありがたいもの。それが目上の方や尊敬する方であれば、なおさらのことです。

身に余る心遣いには、折り目正しい言いまわしで、精一杯の謝意を表しましょう。

心に響く言いまわし1

畏(おそ)れ多(おお)い

こんなとき……

ありがたいお言葉をいただき、畏れ多いことです。

目上の人や尊敬する人に対して「私にはもったいないほど、ありがたいこと」という気持ちを表します。畏(かしこ)まって、礼を尽くす言葉です。「とんでもないことです」では失礼。敬意を含ませましょう。

心に響く言いまわし2

忝い（かたじけない）

こんなとき……

この度のお骨折り、
誠に忝く存じます。

身に余る好意や気遣いに対して、感謝の意を表す言葉。前出の「畏れ多い」「身に過ぎたこと」といったニュアンスです。目上の人に対してや、改まった文面にはなじみやすいでしょう。

心に響く言いまわし3

痛み入る（いたみいる）

こんなとき……

さまざまにご配慮いただき、痛み入ります。

相手の好意や配慮などを、恐縮しながら、ありがたく思う気持ちを表すお礼の言葉。「ありがとうございます」よりも丁寧で、上品な大人の言いまわしになります。目上の人や、改まった文面にも使えます。

心に響く言いまわし4

厚意（こうい）

こんなとき……

いつに変わらぬ
ご厚意に対し、
心より感謝いたします。

思いやりの心、親切心です。主に他人が自分に示してくれた好意や、親切な気持ちに対して言います。「〜を受ける」「〜に甘える」といった用い方があります。**厚情**、**厚志**、と言い換えても。

「暗に示す」「シグナルを送る」

"それとなく"伝える思いや思惑

ためらいの気持ちや相手への気遣いなどで、遠回しに、あるいは言外に物事を伝えることがあります。相手の気をひく、という状況でも使われそうです。

心に響く言いまわし1

ほのめかす

こんなとき……

彼への思いをほのめかしてみた。

におわせる。それとなく言葉や態度に出して示す。漢字で「仄めかす」。「におわす」より、大人の言いまわしになります。

心に響く言いまわし2

示唆する

こんなとき……

両親の愛情を示唆する出来事だった。

それとなく物事を示し教える、の意。名詞だけを使って、「示唆に富む話」「示唆を与える」などと使うこともできます。

心に響く言いまわし3

ちらつかせる

こんなとき……

部長職をちらつかせて懐柔する。

それとなく態度などで示す、の意。また、注意を向けるため、何かをちらちら見せること。**遠まわしに**、も同じ。

心に響く言いまわし4

含みを持たせる

こんなとき……

どこか含みを持たせた言い方だった。

直接には言い表されていないものの、言い方の中に、別の意味合いを持っている様。**言外ににじませる**、も同じ。

感謝

「おかげさま」「お世話になる」

心からの「ありがとう」

感謝の気持ちを伝えるとき、ただ「ありがとう」では言葉不足です。ひと言添えるだけで心のこもった文面になる、そんな言葉たちを紹介します。

心に響く言いまわし1

お陰を持ちまして

こんなとき……

お陰を持ちまして、合格しました。

人の助けがあったからこそ、何らかの好ましいことが起きた、の意。「お陰」とは他人の助力や援助のことです。

心に響く言いまわし2

お引き立て

こんなとき……

今後ともお引き立て下さい。

「ひいきにする」「目をかけて用いる」、という意味の、「引き立て」の尊敬語・美化語です。

心に響く言いまわし3

お力添え

こんなとき……

お力添えをありがとうございます。

「助ける」という意味の「力添え」に接頭辞「お」がついたもの。目上に助力や協力をお願いするときの常套句。

心に響く言いまわし4

お手を煩わせて

こんなとき……

お手を煩わせて申し訳ございません。

「煩わせる」は「面倒をかける」の意。相手に時間や手間をとらせたことに、感謝の意を示す定型句です。

「気遣い」「配慮」

人の情が身に染みる

私たちの日常には、小さな親切や目に見えない心遣いがあふれています。そんな温かな気持ちを、そのまま表す言葉を紹介します。

心に響く言いまわし1

心馳せ（こころばせ）

こんなとき……

何気ない心馳せが、ありがたかった。

心配り、心遣い、などの意味を持つ古語。大和言葉ならではの優しい語感です。文章のアクセントに添えてみては。

心に響く言いまわし2

心配り（こころくばり）

こんなとき……

彼の心配りは、いつもながら温かい。

心遣い、配慮の意。あれやこれやと気を遣うこと。飾りのない表現ながら、優しい印象を持った言葉です。

心に響く言いまわし3

厚情（こうじょう）

こんなとき……

彼の変わらぬ厚情に、胸が熱くなる。

思いやりのある心、親切な気持ち。解釈以上に、真心を感じさせます。「ご厚情に感謝いたします」は謝意の常套句。

心に響く言いまわし4

気にかける（きにかける）

こんなとき……

何かと私のことを気にかけてくれる。

心配りをする、気にする、などの意。「いつも気にかけていただき」とお礼の言葉の前置きに。**心にかける**、も同じ。

「いつも」「何かと」「毎度」

「いつも」よりも深い表現

「いつも」「何度も」といった言葉を繰り返すよりも、長く使われてきた言いまわしも使ってみましょう。どれも収まりのよさがあり、文章が落ち着きます。

心に響く言いまわし1

何(なに)くれとなく

こんなとき……

いいい、何くれとなく世話を焼いてくれる。

あれこれと、いろいろ、の意。「何くれ」は、さまざまな人や物事を、ひっくるめて言い表した古語です。

心に響く言いまわし2

折(おり)に触(ふ)れて

こんなとき……

いいい、折に触れて連絡をくれる友人。

機会があるごとにいつも。「折」とは「機会」のこと。「いつもいつも」や「何度も」の言い換えとして。

心に響く言いまわし3

何事(なにごと)につけ

こんなとき……

いいい、何事につけ、私を気遣ってくれる。

何かきっかけがあるといつも、の意。同じ意味の**何かあるたびに**、と比べ、スマートな大人の言いまわしです。

心に響く言いまわし4

事(こと)あるごとに

こんなとき……

いいい、事あるごとに、私を心配してくれる。

物事があるごとに。何かにつけて。問題が起きるたびに、という否定的な表現でも用いられます。**事毎(ことごと)に**、も同じ。

「リスペクト」「敬う」「尊敬」

畏まり、敬う心を表す

尊敬の対象は人によってさまざまです。神仏や自然の他、偉人や著名人、恩師や両親かもしれません。それぞれにかなった敬いの気持ちを、畏まった言葉で表現しましょう。

「尊敬」や「リスペクト」とは趣の異なる、厳かな語感の言いまわしもあります。くだけすぎかな、というときこちらの表現に換えてみてください。

心に響く言いまわし1

仰ぐ

こんなとき……

私が学生の頃、先生はまさに仰ぎ見る存在でした。

尊敬する、敬う、の意。「師と仰ぐ」「仰げば尊し」は、なじみのあるフレーズです。目上の人や尊敬する人に対して、教えや援助を求める、という意味も。「恩師の指導を仰ぐ」などと表現します。

心に響く言いまわし2

畏敬（いけい）

こんなとき……

創業者オーナーは、
全社員から
畏敬される存在だ。

偉大な人や権力者、自然現象や神仏などに対し、心から畏れ敬うこと。常套句の**畏敬の念を抱く**は、畏れ多いと感じて敬うこと。他にも「畏敬を込めた表情」「畏敬する人物」などの用い方があります。

心に響く言いまわし3

私淑（ししゅく）

こんなとき……

私はかの偉大な画家に
私淑している。

教えを受けたことはないが、尊敬するその人をひそかに師と仰ぎ、模範とすること。「私淑する脚本家」などと言います。「私」には、人知れず、の意。「淑」には、ほめる、慕う、という意味があります。

心に響く言いまわし4

尊ぶ（とうと）

こんなとき……

伝統を尊ぶことで、
貴重な技術が
継承されてきた。

敬い、崇（あが）めること。主に「神仏を尊ぶ」といった用い方をします。**崇める**、と言い換えることも。他、大切なものとして重んじる、尊重するという意味もあり、こちらは「人命を尊ぶ」などの使い方で。

「謙虚」「控えめ」

謙虚な姿をさまざまに表す

謙虚な人柄は、美徳の一つです。そんな美しい心がけを、親しみ深い言いまわしで表現しましょう。いかにも女性らしい、優美な言葉もあります。

心に響く言いまわし1

慎(つつ)ましやか

こんなとき……

彼女は慎ましやかな女性だ。

控えめな様、しとやかな様子です。どこか上品な姿が目に浮かぶような言いまわしです。主に女性向けの言葉です。

心に響く言いまわし2

淑(しと)やか

こんなとき……

母は淑やかな女性だった。

動作や物言いが上品で、落ち着いている様。主に女性を形容するときに使います。優雅な雰囲気が伝わる言葉です。

心に響く言いまわし3

腰(こし)が低(ひく)い

こんなとき……

彼は誰に対しても腰が低い。

愛想がよく、高ぶらないこと。他人にへりくだっている様を表します。その逆は、横柄な態度を指す**腰が高い**。

心に響く言いまわし4

へりくだる

こんなとき……

彼はへりくだった話し方をする。

相手を敬い自分を低くする、の意。何事も控えめで、真面目な人柄を表すようなときに。**謙遜する**も同じ意味です。

敬意

「憧れる」

憧れの対象で言葉選び

憧れる対象によって、ふさわしい言葉を選びましょう。ここでは個人的な夢、尊敬する人、身近な人、芸術家などの著名人への「憧れ」を取り上げました。

心に響く言いまわし1

憧憬（しょうけい）

こんなとき……

彼らの田舎暮らしに憧憬を感じる。

憧れること。慣用的に「どうけい」とも読みます。「憧れ」を少し気の利いた表現にしたいときに。

心に響く言いまわし2

敬慕（けいぼ）

こんなとき……

恩師を思う度、敬慕の念が湧く。

心から敬い、慕うこと。尊敬の対象への愛情を感じる言葉です。「敬慕の情」「亡き父を敬慕する」などと用います。

心に響く言いまわし3

ひそみに倣う（なら）

こんなとき……

彼のひそみに倣って、走り始めた。

他人を見習って行動することを、謙遜して言う場合に用いる慣用句。「倣う」は「手本として真似する」という意味。

心に響く言いまわし4

心酔（しんすい）

こんなとき……

彼女は太宰治に心酔している。

深い尊敬の気持ちを持つこと。相手やある物事に、心から親しみの気持ちがあることが伝わります。**傾倒**、も同じ。

「相手を立てる」「引き立てる」

相手を活かすことで自分も活きる

己を犠牲にして相手を引き立てる、日本人ならではのメンタリティを言葉にしています。目上の人や高齢世代には、なじみやすい表現かもしれません。

心に響く言いまわし1

顔を立てる

こんなとき……

彼の顔を立てて、私は身を引いた。

体面が傷つかないようにすること。「顔」は「社会に対する名誉や体面」の意味です。**面子を立てる**、も同じ。

心に響く言いまわし2

高く置く

こんなとき……

取引先との会合を高く置いた。

相手の立場を優先させること。**顔を立てる**、や、次に紹介する**花を持たせる**、と同様の意味を持ちます。

心に響く言いまわし3

花を持たせる

こんなとき……

引退する選手に花を持たせた。

名誉や勝利を譲る。相手への敬意や親愛といったものを含んでいます。**功を譲る**、と言い換えることも。

心に響く言いまわし4

脇に回る

こんなとき……

彼が目立つよう、私は脇に回った。

相手が主役になるように取り計らう。譲る側の謙虚さも伝わります。**引き立て役になる**、**花道を飾らせる**、も同じ。

敬意

「かしこまる」「シャキッとする」

凛とする瞬間をとらえる

神仏の前や儀式の席など、かしこまるときにはよい緊張感が走ります。思わず背すじが伸びる瞬間を、さまざまな言いまわしで表現してみましょう。

心に響く言いまわし1

居住(いず)まいを正(ただ)す

こんなとき……

先生に叱られて、居住まいを正した。

座っている姿勢を、きちんとした姿勢に直す、の意。背すじを伸ばした様子を表す言いまわしです。**襟を正す**も同じ。

心に響く言いまわし2

威儀(いぎ)を正(ただ)す

こんなとき……

威儀を正して、式典に参列した。

身なりを整えて、いかめしい態度をとること。神仏や貴人の前で、折り目正しい態度をとる様を表すときに。

心に響く言いまわし3

神妙(しんみょう)な面持(おもも)ち

こんなとき……

神妙な面持ちで、面接にのぞむ。

普段とは異なり、大人しく、素直な様。セレモニーの様子を表すときなどに。子どもを対象にすると笑いを誘います。

心に響く言いまわし4

背(せ)すじを正(ただ)す

こんなとき……

社員一同背すじを正した。

真面目な気持ちになり、改めて構えること。字面そのままの解釈ですが、言葉に凛とした張りがあるようです。

「感服する」「真似できない」

感心から感服へ

他人の言動や心がけに感心し、そこから敬意が生まれます。これが「感服」という感情。この尊い気持ちを、表現豊かな言葉で表してみましょう。

「感心した」や「驚いた」では言い尽くせない、微妙なニュアンスを添えられます。なお、ここで紹介する言いまわしは、目上の人に使うと失礼になります。

心に響く言いまわし1

頭が下がる

こんなとき……

彼の律義さには、いつも頭が下がる思いです。

敬服させられる、尊敬の念が起きる、などの意。他人の言動や心がけなどに対して、いたく感服したときの気持ちを表しています。見上げた行いへのリスペクトです。**脱帽する**、と言い換えることも。

心に響く言いまわし2

瞠目（どうもく）する

こんなとき……

理路整然とした彼の発言に瞠目させられた。

驚きや感心から、**目を見張る**こと。「瞠目に値する結果」などと用います。目を見張るも同じニュアンスです。似た表現の言葉に**刮目**（かつもく）、がありますが、こちらは「注意してよく見る」の意。

心に響く言いまわし3

舌（した）を巻（ま）く

こんなとき……

流れるような筆さばきに舌を巻いた。

大いに驚く、非常に感心すること。相手の言動に感嘆し、思わず言葉を失うような状態です。**言葉を呑む**、も同様ですが、こちらには相手の気持ちを察して口をつぐむ、という意味もあります。

心に響く言いまわし4

奇特（きとく）

こんなとき……

被災地でボランティアをする、奇特な若者も多い。

行いや心がけが優れていて、とても感心な様。世の中見捨てたものじゃない、といった心持ちを代弁する「奇特な人もいるものだ」は常套句。**殊勝**、も同じ意味。「殊勝な心がけ」などと用います。

「丁寧」「礼儀正しい」

態度に表れる敬意を表現する

敬意をもって礼を尽くす態度をとれば、おのずと丁寧な振る舞いとなります。ここではそんな状況を表した言葉を紹介します。

心に響く言いまわし1

辞(じ)を低(ひく)くする

こんなとき……

辞を低くして、あの人に頼もう。

相手に敬意をもって、丁寧な言葉遣いをすること。依頼する相手に、誠意を見せるような状況で使われます。

心に響く言いまわし2

恭(うやうや)しい

こんなとき……

お賽銭を入れ、恭しく頭を下げる。

礼儀正しく丁寧。丁重。敬意も含む言葉です。神仏に対して使われる他、改まった席での態度にも用いられます。

心に響く言いまわし3

慇懃(いんぎん)

こんなとき……

慇懃な態度で挨拶する新入社員。

礼儀正しく、丁寧である、の意。よく耳にする**慇懃無礼**、は礼儀正しく振る舞いながら、実は尊大で無礼なこと。

心に響く言いまわし4

丁重(ていちょう)

こんなとき……

失礼ながら、丁重にお断りした。

礼儀正しく、丁寧なこと。配慮が行き届いていること。「丁寧」よりも改まった表現になります。

敬意

「ご自愛ください」「お見舞い」

労わりのひと言を添えて

手紙やメールの文末に、労りの言葉を添えるだけで、読み手の印象も変わります。「ご自愛ください」一辺倒ではなく、少し趣を変えた言葉を選びましょう。

心に響く言いまわし1

お厭いください

こんなとき……

どうかお体をお厭いくださいませ。

大切にする、労わるの意。「お体ご自愛ください」とともに、相手の健康を願い、労わるときの常套句になっています。

心に響く言いまわし2

お労わりください

こんなとき……

病の身をお労わりくださいませ。

「厭う」に似ていますが、こちらの方がよく使われます。同情をもって、優しく声をかけるような語感があります。

心に響く言いまわし3

ご養生ください

こんなとき……

まずはしっかりご養生くださいませ。

健康に注意して、丈夫でいられるように努めてくださいの意。**ご静養なさってください**、も同じ意味です。

心に響く言いまわし4

お祈りいたします

こんなとき……

心より、ご回復をお祈りいたします。

体調を崩して静養中の人や、退院後間もない人などへ。手紙やメールの最後に、挨拶の言葉として用います。

共感をよぶ いいね! フレーズ

赤ちゃん、子ども

自分の子どもの成長を伝える。よその赤ちゃんを愛おしむ。毎日がドラマチックな彼らの姿を、愛情いっぱいに表現しましょう。

いつものフレーズ

「かわいい」
「愛らしい」
「我が家の自慢」
「宝物」

言い換えフレーズ

今日も**愛おしい**笑顔を見せてくれています。

たまらないほどのかわいらしさ、を言います。大切に思う愛情の深さを端的に言い表せるフレーズです。

これが我が家の**御曹司**（**御令嬢**）です。どうぞよろしく！

親しい方に我が子の写真を初めて見せるときに。**プリンス**（**プリンセス**）、**アイドル**、と言い換えてもいいでしょう。

昼間とはうってかわり、**天使のような**寝顔です。

子どもの純真さ、罪のない様子を天使に見立てます。**天真爛漫**、としても、書き言葉なら違和感がないでしょう。

ほっぺのふっくらした、元気いっぱいの赤ちゃん。

体の一部分に焦点をあて、かわいらしさを表現します。**目がクリクリッとした**、**円らな瞳**、**肌がぷにゅぷにゅ**など。

祖父母が**蝶よ花よ**と可愛がっています（笑）。

子どもを大事にかわいがる様子です。あえてクラシックな言いまわしで、笑いも誘いましょう。**乳母日傘**、も同じ。

利発そうなお子さんでした。

よその子どもを見た目だけでほめるときは、**しっかりした**、**やさしそうな**、などの無難な定番フレーズで。

第四章

頼る 頑張る

まっすぐな胸の内を真摯に伝える

「頼る」「頼む」「お願い」

誰かを頼りにするときの表現

「頼む」「頼る」をめぐっても、関連する言葉が多種多様にあります。

「頼りにするもの」を示す言葉を知っておくのはもちろん、「心の中で頼る」「必死でお願いする」など、シチュエーションによる違いも意識しながら、言葉選びをしたいものです。

心に響く言いまわし1

心（こころ）頼（だの）み

こんなとき……

たったひとりの子どもを心頼みにする。

心の中で頼みに思うこと。あるいは、その人。いざというときに、どうにかしてくれるだろうと当てにする、というニュアンスがあります。「苦しいときの神頼み」に通じる感覚がありそうです。

心に響く言いまわし2

縁（よすが）

こんなとき……

私には身を寄せる縁もないのです。

頼りとするもの。助けになるもの。手がかりや手立て、方法、手段といった意味で使われる他、夫・妻・子などの「頼りとする相手」という意味もあります。**寄る辺**（よるべ）（↓P64）も同じ意味です。

心に響く言いまわし3

切願（せつがん）

こんなとき……

海外勤務を切願したが、許可されなかった。

「切」は、それを思うことがひたすらな様、心から欲する様。そこから切願は熱心に願うこと、心から願うこと、という意味になります。**切望**、**懇願**（こんがん）、**懇請**（こんせい）、**藁**（わら）**にもすがる思い**、も同じ。

心に響く言いまわし4

哀願（あいがん）

こんなとき……

借金の支払いを待ってくれるように哀願する。

切に願うこと。また、その頼み。ただ願うのではなく、相手の同情心に訴えて頼むというところが「切願」との違いです。特に「泣かんばかりに訴えて頼む」というニュアンスがあります。**嘆願**、も同じ。

「仲立ち」「仲介」「仲裁」

つながることを感謝して

関係をつなぎ、ご縁をつくってくれたことに感謝を込めた言葉を選びましょう。日常語や事務的な言葉とは、ありがたみが違ってきます。

心に響く言いまわし1

とりもつ

こんなとき……

初対面のふたりの間をとりもつ。

間に立ち、良好な関係になるよう世話をすること。後出の「とりなす」とは、ニュアンスが違うので注意。

心に響く言いまわし2

口添え（くちぞえ）

こんなとき……

お口添えに感謝しております。

依頼や交渉などがうまくいくように、推薦や紹介など、傍（かたわら）から世話をすること。目上の人には「お」をつけて。

心に響く言いまわし3

橋渡し（はしわたし）

こんなとき……

Aさんが取引きの橋渡しをした。

二者の間に立って、仲をとりもつこと。人間だけではなく、会社間で使うことも。**架け橋**、も同じ。

心に響く言いまわし4

とりなす

こんなとき……

夫と義父のケンカをとりなす。

トラブルやもめ事などがあったとき、中に入って仲直りさせること。「仲裁」をソフトに言い換える言葉です。

頼る

「ここだけの話」「オフレコ」

口外しないとしっかり伝えて

軽い言葉を使うと、その秘密を守らなくてもいいような印象を与えてしまいます。心の奥底にしまっている大切な思いは、奥深い表現が似合います。

心に響く言いまわし1

胸に秘める

こんなとき……

いい、胸に秘めた思いは、誰も知らない。

自分だけの秘密にすること。よい思い出や忘れたくない言葉を、大切に胸にしまっておくときに使います。

心に響く言いまわし2

心にたたむ

こんなとき……

いい、お言葉を心にたたんでおきます。

心の中にしまっておくこと。胸にたたむ、も同じ。苦い思い出などにも使うことがあります。

心に響く言いまわし3

他言無用

こんなとき……

例の件に関しては、いい、他言無用です。

内密の話を他人に言ってはいけない、の意。口外禁止のときは曖昧な表現でなく、きっぱりとした表現を使います。

心に響く言いまわし4

箝口令を敷く

こんなとき……

いい、箝口令が敷かれ、社内が緊張した。

ある事柄の発言を禁止すること。「社外秘」などで多用されますが、「部長の左遷は～が敷かれた」と噂話にも。

「おまかせ」「一任する」

信頼を結ぶ言葉たち

まかせることは信頼関係です。「まかせた後は、知らない」と、無責任な言葉と受けとられないように、先方を重んじるニュアンスを感じさせましょう。

心に響く言いまわし1

よしなに

こんなとき……

よしなにとりはからってください。

いい具合になるようおまかせします、の意。「あとはよしなに」は、結果に文句をつけないときだけに使いましょう。

心に響く言いまわし2

見繕（みつくろ）う

こんなとき……

資料を見繕っておいてください。

自分で使うときは適当に見計らう、の意。相手への指示なら、より的確に見定めて選んでほしいときに使います。

心に響く言いまわし3

手（て）にゆだねる

こんなとき……

今回の件は、彼の手にゆだねてみる。

「ゆだねる」はすべてをまかせる、の意。「手に」を加えると、大事なことを託すという意味合いが強くなります。

心に響く言いまわし4

委託（いたく）

こんなとき……

新商品の販売を委託しました。

仕事など人に頼んでやってもらうこと。委任も似ていますが、こちらは物事の処理などを人にまかせる、という意味。

「媚（こ）びる」「ごますり」

そのものズバリ！の表現を避ける

相手から気に入られるように、媚び、へつらう様を表す言葉。ストレートな表現を避けたいとき、うまい言いまわしの慣用句や、定型句でオブラートに包みましょう。

心に響く言いまわし1

歓心（かんしん）を買（か）う

こんなとき……

上司の歓心を買うために発言した。

ご機嫌をとる、という意味。正当な方法で、関心を持ってもらいたいときに使います。「関心を買う」は誤り。

心に響く言いまわし2

意（い）を迎（むか）える

こんなとき……

顧客の意を迎えて、メニューを決めた。

迎合する、の意。他人の考えを優先して気に入られようとする様。ご機嫌をとって、言いなりになる場合も言います。

心に響く言いまわし3

顔色（かおいろ）をうかがう

こんなとき……

顔色をうかがいながら、事を進める。

相手の表情を読み取って、行動すること。漢字は「伺う」ではなく、すきをうかがう「窺う」です。

心に響く言いまわし4

機嫌（きげん）をとる

こんなとき……

プレゼントで、ご機嫌をとる。

人の気分を和らげたり気に入るような振る舞いをしたりすること。ごますりのときの常套句です。**おもねる**、も同じ。

「強く願う」「願いをかなえる」

心から望んでいると伝える

中途半端な気持ちではなく、心から願っているということが伝わる言葉を選びましょう。ただし、熱い思いを伝えるのは大切ですが、相手の重圧にならないように。

心に響く言いまわし1

冀う（こいねがう）

こんなとき……

さらなるご支援を冀っております。

強く願うこと。やや古風な表現ですが、改まったメールなどに。**請い願う**、**乞い願う**、と書くより、ビジネス的です。

心に響く言いまわし2

祈るような気持ち（いのるようなきもち）

こんなとき……

祈るような気持ちで見守っている。

心配しながら強く願う。自分の力ではどうにもならないが、心からうまくいくように祈っている、というときに。

心に響く言いまわし3

願をかける（がんをかける）

こんなとき……

母の病気が治るように願をかける。

神仏に祈ること。**祈念する**、も同じ。**願かけ**、も同じ意味ですが、成就を願って行う断食などの行為も指します。

心に響く言いまわし4

熱望（ねつぼう）

こんなとき……

さらなるアンコールを熱望する。

心から強く希望するときに使います。**渇望**、**切望**（↓P44、45）も同じ。まっすぐに伝わりそうな語感があります。

頼る

「すがる」「頼り切る」

心の内をさらけ出してSOSを

どうにも行き詰まり、困ってしまったときに、身内や他人を頼りにする様を表すフレーズです。ストレートな表現から、困窮した状態がうかがわれます。

心に響く言いまわし1

頼(たの)みの綱(つな)

こんなとき……

私にはあなただけが頼みの綱です。

頼るものを〝綱〟に例えた言葉。自分ではどうしようもなく、最後にすがれるのはあなたしかいないというときに。

心に響く言いまわし2

おんぶに抱(だ)っこ

こんなとき……

おんぶに抱っこになり、申し訳ない。

何から何まで世話になる、の意。ユーモア感のある語感が、重い感情を軽減してくれそうです。

心に響く言いまわし3

泣(な)きつく

こんなとき……

母に泣きついて頼むしかない。

泣き言をいってすがりつくこと。いわば捨て身のお願いです。**懇願**、**哀願**（↓P141）、も同じ意味です。

心に響く言いまわし4

袖(そで)にすがる

こんなとき……

袖にすがって援助をお願いした。

袖をとらえて引き留めることから、必死に助けを求める、の意。哀れみを乞う感じがあります。

「まじめに頑張る」「ガチで」「無我夢中」

意気込みを知的に表してみる

例えば、誰かに自分のやる気を表現するようなとき。「頑張ります」「死ぬ気でやります」などでも、意気込みは伝わるのですが、より知的な語彙に置き換えると、信頼度が上がるだけでなく、文章が洗練されたものに変わります。

ここでは、そんなスマートな印象を与える言葉を紹介します。

心に響く言いまわし1

心血を注ぐ

こんなとき……

大作に一年越しで心血を注いでいる画家。

力を尽くして物事を行うこと。全身全霊を集中させること。「心血」は、精神と肉体のすべてを表します。時間をかけて重要な物事を成し遂げるようなときに使う慣用句です。「心血を傾ける」は誤用。

心に響く言いまわし2

ひたむき

こんなとき……

ひたむきに練習した結果、優勝をつかんだ。

一つの物事に心を向ける様。一途に熱中する様。漢字で「直向き」と書くと、ニュアンスがよく伝わります。「ひたむきに嫉妬する」のように否定的な文脈では使いません。**一途、一心不乱**、も同じ。

心に響く言いまわし3

精進（しょうじん）する

こんなとき……

これからもより精進して参ります。

一つのことに打ち込み一生懸命努力する様子。もともとは「雑念を去ってひたすら仏道修行に励むこと」を意味する仏教用語です。悪い誘惑を断ち切り、一つの道を究めるという意味合いの強い言葉です。

心に響く言いまわし4

遮二無二（しゃにむに）

こんなとき……

ただ、遮二無二相手に向かっていった。

他のことは考えずに、がむしゃらに物事を進める様。後先を考えず、強引に行動する様です。向こうみずな行い、と言ってもいいでしょう。**むやみに、めったやたらに**、と言い換えることも。

「苦心する」「力を尽くす」

数々の苦労を言葉にする

「あれこれ苦労しながら努力をしている」という状況を伝えるときのフレーズです。いずれも、漢字を見るだけで心や体の動きがイメージしやすいものばかり。
自分が伝えたい気持ちにフォーカスを当てて、いちばんしっくりくる言葉を選んで使ってみましょう。

心に響く言いまわし1

心(こころ)を砕(くだ)く

こんなとき……

後輩の育成に心を砕く。

力を尽くす、苦心する、の意。気をもむ、心配する、という意味も。心をすり減らすほど気を遣うという意味であり「閉じている心を開く」の意味で使うのは誤用。**心を粉にする**、**身を砕く**、も同じ。

心に響く言いまわし2

腐心する

こんなとき……

計画どおり作業を進めることに腐心する。

何かを成し遂げようとして、労力を惜しまずに注いだり、心を痛めて悩んだりすること。**苦慮**、も似た意味合いがありますが、より大きく、解決が難しい問題に悩んでいる様子が伝わる言葉です。

心に響く言いまわし3

手を尽くす

こんなとき……

医者や看護師があらゆる手を尽くしてくれた。

あらゆる手段や方法を使い努力すること。**あの手この手で**、も同じ意味ですが、ややシリアスさに欠ける印象も。「八方手を尽くす」は「ありとあらゆる方法を使った」ことが強調された言いまわしです。

心に響く言いまわし4

奔走

こんなとき……

母の入院手続きに奔走してくれた。

物事がうまくいくよう、関係方面を走り回って努力すること。**駆けずり回る**、も同じ。「奔」にも「走る」という意味があり、「忙しく動く」の意味で**東奔西走**。熱中して動き回る、の意味で**狂奔**などもの。

「切り札」「秘密兵器」

「とっておき」という特別感を

最後に切り出す強力な手段、という意味の言葉を紹介します。ただし、読み手や状況によっては、稚拙なイメージを与えかねないので、TPOをわきまえましょう。

心に響く言いまわし1

隠し球（かくしだま）

こんなとき……

この手段は隠し球としてとっておく。

もとは野球用語。グラブに球を忍ばせて、走者をアウトにすることから、相手が予想もしない切り札を出すこと。

心に響く言いまわし2

奥の手（おくのて）

こんなとき……

奥の手を使って、チケットを入手した。

最後の手段。普段は隠しておき、ギリギリになって出す、とっておき、のこと。秘密の手段を出すときに使います。

心に響く言いまわし3

伝家の宝刀（でんかのほうとう）

こんなとき……

そろそろ伝家の宝刀を抜くしかない。

代々家に伝わる名刀から転じて、最終手段のこと。とっておきの切り札です。前出の「奥の手」と同じニュアンス。

心に響く言いまわし4

ジョーカー

こんなとき……

彼がジョーカーとして控えている。

トランプのジョーカーから転じて、最高の切り札や最強の登場人物のこと。交代選手や、アニメのキャラに使われます。

頑張る

「気合いを入れる」「ハイテンション」

前向きに勇気を出す

自他を励ます力強い言葉の中には、まわりへの重圧を感じさせるものもあります。押しつけではなく「自ら頑張る」というニュアンスのある言葉を選びましょう。

心に響く言いまわし1

奮い立つ

こんなとき……

初仕事に向けて、己を奮い立たせる。

やる気が高ぶること。一緒に乗り切りたい気持ちが仲間に伝わります。**気負い立つ**、も同じ。

心に響く言いまわし2

勢い込む

こんなとき……

大晦日に勢い込んで断捨離をする。

張り切って物事を行うこと。言葉のままに「よし、やろう！」という、前向きな勢いのある感じが伝わってきます。

心に響く言いまわし3

高揚

こんなとき……

仕事が評価され、気持ちが高揚した。

気持ちが高ぶることを言います。テンションの高い状態です。「抑えきれない**高揚感**を覚えた」といった使い方も。

心に響く言いまわし4

武者震いする

こんなとき……

大仕事を前に、武者震いする思いだ。

心が勇み立つこと。重大なことに挑戦するときに、体が震えるほど興奮する場面で使います。

「励む」「熱心に打ち込む」

取り組むシーンによって使い分け

勤勉さが伝えられる言葉も、ひたむきさが伝えられる言葉もあります。心から取り組んでいる様子を、それぞれのシーンによって使い分けましょう。

心に響く言いまわし1

勤しむ

こんなとき……

プレゼンに向け、資料作りに勤しむ。

コツコツと何かに取り組むこと。一生懸命、目の前のことに励む様が伝わる語感です。勤勉さ、実直さを伝えるとき。

心に響く言いまわし2

精魂を傾ける

こんなとき……

中学時代はテニスに精魂を傾けた。

一つのことに打ち込む、の意。「精魂」は、魂や精神のこと。力強い字面が、高い集中の度合いを表しそうです。

心に響く言いまわし3

奮闘する

こんなとき……

この1年は育児と仕事に奮闘した。

大変な状況で精一杯努力して事に当たる。「頑張る」では飽き足らないときの言い換えに。**孤軍奮闘**、と使うことも。

心に響く言いまわし4

鋭意

こんなとき……

目標に向かって、鋭意努力します。

気持ちを集中し、努力すること。「〜進めてまいります」など、誠意と前向きな姿勢が伝わる言葉です。

「しっかりやる」「心して取り組む」

熱い思いをソフトな言葉に包む

手を抜かず、一生懸命にやったことを、柔らかな表現で伝えましょう。かえってそこには、まっすぐな決意や、揺るぎない覚悟がうかがえます。

心に響く言いまわし1

ゆるがせにしない

こんなとき……

盆暮の挨拶は、ゆるがせにしない。

しっかり取り組むこと。「ゆるがせ」はいい加減にしておく、の意。意志の強さを表現できます。

心に響く言いまわし2

徒(あだ)やおろそかにできない

こんなとき……

この仕事は徒やおろそかにできない。

きちんと行うこと。「徒やおろそか」は、いい加減という意味。物事の価値などを軽く見る様を言います。

心に響く言いまわし3

胸(むね)に刻(きざ)む

こんなとき……

先人の言葉を胸に刻んで頑張ります。

尊敬する人の言葉や印象深い出来事を、しっかり受け止め、忘れずにおくこと。**肝(きも)に銘じる**、も同じ。

心に響く言いまわし4

周到(しゅうとう)

こんなとき……

取引の成功のため、周到な準備をする。

手を抜かず、すみずみまで注意を行き届かせること。完璧に準備することを言う「用意周到」などと使われます。

「負けず嫌い」「勝気」

強気でまっすぐなフレーズ

気性の強さが取り柄にも、また欠点にもなります。言葉選びだけではなく、前後の文面にも気を配ることで、ネガティブな文章になることを避けられます。

心に響く言いまわし1

負けん気（まけんき）

こんなとき……

負けん気が強い性格が幸いした。

簡単に引き下がらない気性のこと。頑張り屋さん、タフで真面目、といったポジティブな面を強調するときに。

心に響く言いまわし2

向こう意気（むこういき）

こんなとき……

向こう意気の強さは誰もが認める。

相手に対して、負けまいとする気持ち。前出の「負けん気」よりも、人に対して張り合う思いが強い表現になります。

心に響く言いまわし3

鼻っ柱が強い（はなっぱしらがつよい）

こんなとき……

鼻っ柱が強い彼は、堂々と物を言える。

人に譲らず、気が強いこと。日常会話では「鼻っぱしが強い」などと言います。否定的に使うことも。

心に響く言いまわし4

剛直（ごうちょく）

こんなとき……

彼の剛直さが仕事の原動力になる。

気が強く、信念を曲げないこと。もとはほめ言葉ですが「意見を曲げない人」と否定的な意味で使われることも。

頑張る

「よく考える」「知恵をしぼる」

味わいのある語感の言葉

「よく考える」では、状況によって稚拙な雰囲気や言葉の軽さを感じさせてしまうことも。読み手や文面に合わせた、多様な表現をしましょう。

心に響く言いまわし1

思(おも)いをめぐらす

こんなとき……

10年後の生活に思いをめぐらせる。

あれこれじっくりと考えること。想像して悩んだり、迷いながらも考えたりする印象です。**思案する**、も同じ意味。

心に響く言いまわし2

熟慮(じゅくりょ)

こんなとき……

熟慮した結果、退職を思いとどまる。

十分に多方面から物事を考えること。同じ意味の「よく考える」に比べて、語感に重みがあります。

心に響く言いまわし3

煎(せん)じ詰(つ)める

こんなとき……

煎じ詰めれば、どちらも損をする。

最後までよく考えること。文章の始めに置き、「結局のところ」という意味で、続く文面を説明します。

心に響く言いまわし4

沈思黙考(ちんしもっこう)

こんなとき……

沈思黙考して心を整える。

黙って深く物事を考えること。「沈思」は深く考え込む、「黙考」は黙って考える。重みと静けさを称えた語感です。

「しみじみする」「実感する」

人間的な深みもアピール

静かな感動を伝えるのは難しいもの。大げさな言葉や、飾り立てた言葉は幼く見える場合も。その点、深みのある言いまわしは、書き手の奥行きを感じさせます。

心に響く言いまわし1

感じ入る

こんなとき……

先日のお話には、感じ入りました。

心を揺さぶられること。恩師や上司など、目上の人の言葉や行動に使うと、敬う気持ちも表現できます。

心に響く言いまわし2

感に堪えない

こんなとき……

彼女は、感に堪えない様子だった。

非常に深く感動する。感情を外に出さずにはいられないほど心を動かされることで、否定的な意味ではありません。

心に響く言いまわし3

染み入る

こんなとき……

心に染み入る素晴らしい演奏。

深く浸み込むこと。心の奥までに深く浸透した感動がストレートに伝わりやすい言葉。芸術や景色に感動した文脈で。

心に響く言いまわし4

肌で感じる

こんなとき……

スタッフの苦労を肌で感じた。

直接に体験したり、見たり聞いたりして、現実的なものとして強く感じること。肌身の感覚を言葉にします。

「詳しい」「精通」

その道に通じた人

ある分野において、深い知識や見識を持っている人を表す言葉です。インテリジェンスを感じさせる、堅い表現が多くなります。

心に響く言いまわし1

通暁（つうぎょう）する

こんなとき……

パソコンの知識に通暁している。

すみずみまで詳しく知っていること。一つの事柄について、知り抜いている人を指して使います。夜通し、の意味も。

心に響く言いまわし2

造詣（ぞうけい）が深（ふか）い

こんなとき……

彼はクラシック音楽に造詣が深い。

芸術や学問について深い知識を持っていること。多くの情報を知っているだけでなく、深く理解しているニュアンス。

心に響く言いまわし3

知悉（ちしつ）

こんなとき……

自動運転について知悉している。

細かいことまで知り尽くしていること。学問的な知識が豊富な人を指して使われる場合が多いようです。

心に響く言いまわし4

熟知（じゅくち）

こんなとき……

スタッフの性格を熟知したリーダー。

詳細に知っていること。「よく知っている」と表現するよりも、語彙の豊かさを感じさせる、大人の言いまわしです。

「アツイ人」「情熱的」

暑苦しくない熱さを伝える

情熱的なことは素敵ですが、シチュエーションによっては暑苦しいと感じることも。熱い心とともに、誠実さの感じられる言葉を選びましょう。

心に響く言いまわし1

アグレッシブ

こんなとき……

溌剌（はつらつ）とした、アグレッシブな人です。

精力的で、何事も積極的に行うことです。ポジティブで思い切りのいい人を指すような場合に。

心に響く言いまわし2

熱（ねつ）っぽい

こんなとき……

熱っぽい議論が繰り広げられている。

情熱的であること。人間味のある真剣さや、力の入っている様。フランクな間柄で使う、くだけた言い方です。

心に響く言いまわし3

熱血（ねっけつ）

こんなとき……

教授は最新の研究に熱血を注いだ。

血がわきたつ激しい意気込み、の意。「熱血教師」は、耳慣れた言葉。情熱的で意気軒高な男性を**熱血漢**、と言います。

心に響く言いまわし4

火照（ほて）る

こんなとき……

あまりの恥ずかしさに顔が火照る。

顔や体が熱くなる。または、緊張や怒りで顔が赤くなる。自分でコントロールできない「熱さ」を表現するときに。

「大至急」「ソッコウで」

急ぐ気持ちに誠実さをプラス

急いでいる様子や、大急ぎで行動する様を表す言いまわしです。慌ただしいだけではなく、そこに誠実さ、相手への思いやりも感じられる言葉を選びました。

心に響く言いまわし1

駆(か)けつける

こんなとき……

みんなで仕事の応援に駆けつける。

ただ急いでいるだけではなく「最優先」といった気持ちが伝わる言葉。同じ意味の、**急行する**、より丁寧な感じに。

心に響く言いまわし2

とるものもとりあえず

こんなとき……

とるものもとりあえず、避難した。

他のことは何もせず、大急ぎで行うこと。少し慌てた様子が、うかがえます。**押っ取り刀で**、と言い換えても。

心に響く言いまわし3

馳(は)せ参(さん)じる

こんなとき……

恩師の入院を知り、病院へ馳せ参じた。

大急ぎで参上する、の意。「急いで行く」のへりくだった言い方です。相手を立てる形に。**参上する**、も同じ。

心に響く言いまわし4

飛(と)んでいく

こんなとき……

知らせてくれれば、飛んでいきます。

どこでも、いつでも、大急ぎで行く、という誠意を込めた言葉。相手を大切に思う気持ちが伝わります。

「覚悟を決める」

微妙な覚悟の違いを使い分ける

覚悟とひと口に言っても、その状況によって気持ちの持ちようはじつにさまざま。こうした繊細な違いを表せる言葉を紹介します。

心に響く言いまわし1

意(い)を決(けっ)する

こんなとき……

意を決して、上司に相談する。

思い切って決心すること。長い間、迷ってきたことについて、満を持して判断を下すようなニュアンスもあります。

心に響く言いまわし2

臍(ほぞ)を固(かた)める

こんなとき……

臍を固めて、転職活動を始めた。

固く決心する。臍は「へそ」のこと。その字面から強い覚悟が感じられます。似た表現の**臍を噛む**、は後悔するの意。

心に響く言いまわし3

腹(はら)を据(す)える

こんなとき……

腹を据えて、資料の整理を始めた。

覚悟を決める、決心する、の意。**腹が決まる**、も同じ意味です。取り組みづらいものを、あえて行うようなときに。

心に響く言いまわし4

踏(ふ)ん切(ぎ)りがつく

こんなとき……

踏ん切りをつけて、恋人と別れた。

未練を残さずはっきり決めること。これまでのことと決別して何かに挑戦するとき、前向きな気持ちで使います。

「詳しく」「念入り」

真剣に、丁寧に

細かさや詳しさの状態を言い表す言葉を選びました。人や物事と真剣に、そして丁寧に向き合う姿勢が伝わる言いまわしばかりです。

心に響く言いまわし1

つぶさに

こんなとき……

気になったことを、つぶさに調べる。

細かく、詳しいこと。詳細に、の意。研究や調査など、一つの物事をもれなく、丁寧に行う様がイメージできそうです。

心に響く言いまわし2

詳（つまび）らか

こんなとき……

事の成り行きを詳らかに話した。

ことこまかに詳しいこと。真相を解明するなど、物事をオープンにして、明らかにするというイメージがあります。

心に響く言いまわし3

細（さい）大（だい）漏（も）らさず

こんなとき……

細大漏らさず、情報を集める。

細かいことも大きなこともすべて、の意。ミスなく取り組むとき、用意周到に準備ができているときなどに。

心に響く言いまわし4

微（び）に入（い）り細（さい）を穿（うが）つ

こんなとき……

市長は微に入り細を穿つ説明をした。

極めて微細まで行き届くこと。細かいところまで、気配りがなされた様子を表すときに。「穿つ」は穴を空ける、の意。

「思うようにならない」「ジレンマ」

うまくいかないときの表現

世の中、すべて思いどおりにいくことばかりではありません。頑張ってはみたものの、思ったようにうまくいかない……。そんな苦しい気持ち、切なさを表現する言いまわしを紹介します。

古くから使われているフレーズばかりなので、年配の方にもストレスなく伝わります。

心に響く言いまわし1

やるせない

こんなとき……

彼の孤独な日々を思うといい、やるせない。

悲しみや寂しさなどをまぎらわすことができず、どうしようもないこと。辛くて切ない、という意味。心を晴らす手段が見つからないときの言いまわしです。「やるせぬ」「やるせありません」は誤用。

心に響く言いまわし2

ままならない

こんなとき……

人生、ままならないことばかりです。

思いどおりにならない。自由にならない。ままならぬ、とも書きます。「儘(まま)」には「思いどおり、気まま」という意味があるので、「ままならない＝思いどおりにならない」の意味になります。

心に響く言いまわし3

如何(いかん)ともしがたい

こんなとき……

現代の医療技術では如何ともしがたい。

どうにもできない、どのように対処しても不可能である、の意。突然の事情、あるいは複雑な状況のため、対応ができない状態を言い表します。「如何」は「事のしだい」を意味します。

心に響く言いまわし4

一筋縄(ひとすじなわ)ではいかない

こんなとき……

この問題の解決は、一筋縄ではいかない。

普通の方法では通用しない、うまくいかない、の意。**おいそれとはいかない**、も同じ。一筋縄は一本の縄のこと。当たり前の手段、普通のやり方を意味します。「〜人物だ」など。

「ギブアンドテイク」「ウインウイン」

「丸くおさめる」フレーズ

物事は簡単に決着が着きません。自己主張ばかりではなく、相手の気持ちにも寄り添うことが大切です。そんな日本人の精神性が表れた言葉を紹介します。

心に響く言いまわし1

折り合い

こんなとき……

大筋で商談の折り合いがついた。

両者の一致点を見つけること。人と人との関係も言います。「妥協した」よりも、大人の言いまわしです。

心に響く言いまわし2

歩み寄る

こんなとき……

両国が核開発で歩み寄りを見せた。

相手の主張や気持ちを察して、そこに自分の考えを近づけること。お互いの距離を縮めていく努力が見えます。

心に響く言いまわし3

落としどころをさぐる

こんなとき……

落としどころをさぐり、利害が一致。

結論を模索する様。「落としどころ」とは結論のこと。話が進まない交渉事などで、解決策を練るときに使います。

心に響く言いまわし4

手を打つ

こんなとき……

その条件なら、と手を打ちました。

話をまとめる、合意する、という意味。歯切れのよさも感じる言葉です。物事をしっかり処理する、などの意味も。

「名声を得る」「セレブ」「名誉」

尊敬の心を込めて

ただ有名というだけではなく、その人となりも立派であることを表す言葉です。自分もそうありたい、という尊敬の気持ちも込めつつ。

心に響く言いまわし1

功成り名を遂げる

こんなとき……

功成り名を遂げて、故郷に帰る。

偉業を成し遂げ、名声を得ること。努力や苦労を重ね、成功した様や人物を表すときにふさわしい表現です。

心に響く言いまわし2

名を馳せる

こんなとき……

最先端の研究で、一躍その名を馳せた。

名前を広く知られること。「有名になる」の、気が利いた言い換え。**名を上げる**、も同じ。悪い評判は**悪名を馳せる**。

心に響く言いまわし3

ひとかど

こんなとき……

ああ見えて、ひとかどの人物だった。

ひときわ優れていること。対象への敬意が含まれます。文脈によっては「人並みに」という意味もあるので注意。

心に響く言いまわし4

ひと花咲かせる

こんなとき……

彼は定年間際で、ひと花咲かせた。

物事に成功して、いっとき栄えること。成功した輝きや喜びが伝わる華やかな言葉です。**一旗揚げる**、も同じ意味。

共感をよぶ いいね！ フレーズ

ペット

せっかくのペット自慢も、ありふれた言葉では思いが伝わりません。個性あふれるフレーズで、愛する相棒を引き立てましょう。

いつものフレーズ

「超カワイイ」「いい子いい子」「我が家の自慢」

言い換えフレーズ

このもふもふ感がたまりません！

体毛が豊かで、柔らかなさわり心地のこと。**ふわふわ**でも、**もこもこ**でもない、独特の癒し感を持った造語。

なんて**キュート**なの。

「超カワイイ」の連発に飽きてきたら、横文字でかわいらしさを表現してみては。**ラブリー**、**プリティ**も。

まさに**癒し系**のお顔です。

自慢のポイントを、「〜系」という表現で。どんな言葉でも、らしく見えます。「**なごみ系の〜**」「**お笑い系の〜**」など。

ゆるゆるのキャラが笑えます。

温かみや柔らかさのあるオノマトペ（擬声語・擬態語）は、ペットの愛らしさを際立たせます。**ほのぼの**、**ポヨポヨ**、なども。

人間ならさぞや**イケメンであろう**と思います。

ペットを擬人化して、笑いの中にかわいらしさを表現します。**乙女の盛りです**、**やや へこみ気味**、など。

毛艶のいいワンちゃんで、先日は驚きました。

よそのペットをほめるときも、ただ「カワイイ」では×。ピンポイントで攻めます。**活発そう**、**お利口さん**、など。

第五章

ほめる 励ます 謝る

寄り添う気持ちを謙虚に伝える

「すごい」「エライ」「ほめ上げる」

改まった形で人をほめてみましょう

「すごい！　見上げたものだね」と、近しい間柄なら、そんなカジュアルなほめ方でもかまわないでしょう。ところが、ときには改まった言い方が必要な人間関係や差し迫った状況もあります。

そんなときに普段から知っておくと、慌てず使える言いまわしをご紹介します。

心に響く言いまわし1

称（たた）える

こんなとき……

お互い相手チームの健闘を称え合った。

相手の性質やその行為が優れていると、ほめることです。ほかに**称賛する**や**称揚する**といった言い方も同じ意味。相手への素直な敬意が感じられ、清々しい印象のある言いまわしではないでしょうか。

心に響く言いまわし2

ほめそやす

こんなとき……

みんなからほめそやされ、くすぐったいようでした。

人をしきりにほめ、いい気分にさせる。「そやす」には、おだてる、けしかける、そそのかす、という意味があります。敬意だけでなく、何か下心がある場合にも。**持てはやす**、**チヤホヤする**、も同じ。

心に響く言いまわし3

賛辞(さんじ)を贈(おく)る

こんなとき……

辛口記者さえ彼には最大級の賛辞を贈った。

相手を優れたものと認め、価値を表明すること。改まった文章や文脈で、対象をほめるときに使います。**賛辞を呈する**、も同様ですが、もっと明快に表現するなら**ほめ言葉を贈る**、**賛辞を述べる**、なども。

心に響く言いまわし4

ふり仰(あお)ぐ

こんなとき……

彼のことを兄とも師とも、ふり仰いだ。

「顔を上げて高いところを見る」ことから、相手に対する敬意と憧れといった気持ちを含む称賛です。**仰ぎ見る**、も同様ですが、さらに**敬服する**、**敬仰する**、といった言葉でも称賛を表すことができます。

「超きれい」「やばい」「めちゃきれい」

具体的な美しさを表現

「美人」に「超」や「めちゃ」といった言葉を付けて、最上級にほめる形が氾濫しています。わかりやすい言葉ではありますが、どんな風に美人なのかは、いまひとつ伝わりません。

主に女性の美しさを称える言いまわしには、どこがどう素晴らしいのかを、的確に表現してくれるものもあります。

心に響く言いまわし1

見目麗(みめうるわ)しい

こんなとき……

妻にするなら「見目麗しい女性」と歌人は詠(うた)う。

見た目、すなわち姿形が整って美しいこと。**麗(うるわ)しい**、**綺麗**でもルックスがいいことは伝わりますが、さらに美しさを強調したうえ、どこかクラシカルな優雅さを感じさせる言葉のようです。

心に響く言いまわし2

あでやか

こんなとき……

彼女のあでやかな装いに周囲は息を呑んだ。

華やかさや華々しさを備えた美しい様、なまめかしい様。「あでやかな晴れ着姿」など、一般に女性の姿の美しさに対して使います。目を引かれる女性の美しさを、こんな言葉で称えてみては。

心に響く言いまわし3

まばゆい

こんなとき……

まばゆいばかりに、美しい娘へと成長した。

光り輝くように見えるほど美しい。古くから使われる古典的な表現。平易な言葉では**まぶしい**、**煌**(きら)**めく**、**輝く**、なども同じ。「素晴らしい美しさ」と「きらびやかな輝き」を備えれば**燦爛**(さんらん)**たる**、となります。

心に響く言いまわし4

婉美(えんび)

こんなとき……

近頃、婉美な女性にはめったにお目にかかれない。

しとやかで、しなやかな美しさ。あまり馴染みのない言葉ですが、どことなく奥ゆかしさを感じさせる、風雅でチャーミングな女性を表します。**婉麗**(えんれい)、も同様で、どちらも使いたい言葉です。

「イケメン」「美男子」

イケメンは容貌だけではない!?

格好いい男性のことをかつては「二枚目」「ハンサム」「いい男」などと表現しましたが、今では「イケメン」が定着しているようです。

そんな今どきの「美しい男性」を称えるため、容姿だけにとどまらず、「イケてる」身のこなしや気性、雰囲気なども伝えられるほめ言葉を紹介します。

心に響く言いまわし1

端正（たんせい）

こんなとき……

彼は端正な顔立ちに違わず、着こなしもきちんとしていた。

容姿がきれいに整っていること。また、動作などに乱れたところがなく、きちんとしているという意味から、その人の品のよさも伝わります。顔立ち以外にも、所作や佇まいの美しい人を表現するときに。

心に響く言いまわし2

好男子（こうだんし）

こんなとき……

女子に人気があるのは、やっぱり好男子!?

顔立ちのよい男性、美男子のことですが、さっぱりした気性の男性という意味もあります。爽やかな好印象の男性像と言えるでしょう。**快男子**、や**快男児**、**好漢**、も同じ意。頼れるイメージがあります。

心に響く言いまわし3

美丈夫（びじょうぶ）

こんなとき……

彼は髭をたくわえ、押し出しもいい美丈夫だった。

やや古めかしい言い方ですが、美しいだけでなく、堂々とした男らしさのある立派な男子のこと。優男（やさおとこ）ではなく、エネルギッシュな逞しさや、セクシーさもイメージさせる語感では。

心に響く言いまわし4

眉目秀麗（びもくしゅうれい）

こんなとき……

彼は眉目秀麗だけではなく、学問も秀才という完璧な男性だ。

「眉目」は顔だち。容貌が美しく整っている男性です。眉がキリっとして眼力のある、どちらかというと硬派っぽさがイメージされます。**眉目**（びもく）**清秀**（せいしゅう）、**眉目端正**（びもくたんせい）、も同様。平たく言えば**ハンサム**、です。

「美肌」「肌がきれい」

肌の美しさにも多様性がある

近頃では男性も肌の美しさを意識するようになりましたが、古来、美肌は女性の美の象徴のひとつ、と言えるのではないでしょうか。

スキンケアや健康については、何かと話題にのぼりやすいものでもあります。美しい肌を定型句のほか、古風な言いまわしなどで表してみましょう。

心に響く言いまわし1

肌理（きめ）細（こま）かい

こんなとき……

透き通るような、肌理細かな肌をしていた。

皮膚や物の表面がきれいに整い、滑らかなこと。「肌理細かな肌」や「肌理細かな泡」などと使います。**すべすべ**、も同じ。肌以外にも、気配りや対応がよく行き届いていること、の意味でも使われます。

心に響く言いまわし2

餅肌（もちはだ）

こんなとき……

餅肌にするにはパックで肌に潤いを与えます。

つきたての餅のように色が白く滑らかで、ふっくらとした肌。弾力と潤いのある、思わず触ってみたくなるような、モチモチした肌です。肌のほめ言葉の常套句ですが、言われた人には嬉しい言葉です。

心に響く言いまわし3

玉の肌（たまのはだ）

こんなとき……

温泉に浸かって玉の肌に磨きをかける。

玉のように美しい肌。主に女性の滑らかな肌をほめる言葉です。**玉肌**（たまはだ）、とも言いますが、どちらも美しい響きが印象に残ります。美肌効果のある温泉や化粧水などの紹介文にさりげなく使ってみては。

心に響く言いまわし4

雪の肌（ゆきのはだ）

こんなとき……

「雪の肌」が自慢の秋田美人。

雪のように白く美しい女性の肌。また、そのような肌の人。**雪膚**（せっぷ）、**雪肌**（せっき）、とも言います。女性にとって透明感のある肌、しみやくすみのない白い肌は憧れです。よく耳にする「美白」をイメージさせます。

「イケてる」「クール」「センスがいい」

ほめ言葉にこそ「センス」を！

人が着ている服や身につけている装飾品などを上手にほめたいなら、「オシャレ！」「イケてる！」という表現では少々砕けすぎかもしれません。

センスのいい着こなしは、磨かれた言いまわしでほめたいもの。ただし、嫌味にならないよう、言葉選びには気をつけましょう。

心に響く言いまわし1

着映(きば)えがする

こんなとき……

彼女が着ると、いい、いい、着映えがする。

身につけたとき、衣服がいっそう引き立って見えること。「この服はスタイルがいい人が着ると着映えがする」のように使います。おしゃれな服だけではなく、着ている人も含めてほめるといいでしょう。

心に響く言いまわし2

小洒落（こじゃれ）た

こんなとき……

小洒落たバッグを持っていた。

「小」は程度が小さいことを表す接頭語で、ちょっとしゃれた様子を「小洒落た」といいます。ただし、昔から使われていた「こじゃれた」は「小戯れた」と書き、「ふざけた」という意味です。

心に響く言いまわし3

垢（あか）ぬけている

こんなとき……

彼女の着こなしはいかにも垢ぬけている。

容姿や態度、技芸などが洗練されていることを、「垢ぬける（垢がぬける）」と言います。素人っぽさや野暮ったさがない、または、都会風に洗練されている様子を表す、粋な表現です。

心に響く言いまわし4

趣味（しゅみ）がよい

こんなとき……

センスのいい彼は服の趣味もよい。

ここでいう趣味とは、物事の味わいや面白みを感じとる能力、感覚（センス）のことです。身につけている服や装飾品、部屋などをほめるときに使うと、嫌味なく気持ちが伝わるでしょう。

「おだてる」「ヨイショする」

人をいい気分にさせる

「おだてる」や「ヨイショする」といった感情を、さりげない言いまわしや、親しみのある言葉で表現してみましょう。読み手が不快にならない言葉選びが大切です。

心に響く言いまわし1

持ち上げる

こんなとき……

酒席で得意先の部長を持ち上げる。

人を得意がらせてその気にさせる。平たく言えばヨイショで、文字どおりの意味におかしみがあります。

心に響く言いまわし2

胡麻を擂る

こんなとき……

今では上司に胡麻を擂る人も少ない。

世代を問わず、よく知られた言葉。言い古された感もありますが、目上の人や年配の方へも無理なく伝わります。

心に響く言いまわし3

くすぐる

こんなとき……

母性本能をくすぐるタレント。

読み手までムズムズとしてくるような語感。「自尊心を〜」「好奇心を〜」と、さまざまな言葉に使われます。

心に響く言いまわし4

おべんちゃら

こんなとき……

先生におべんちゃらを使う。

「べん」は話しぶり、「ちゃら」は出まかせの意。口先だけのお世辞。どこか語呂のいい響きが印象に残ります。

ほめる

「おみごと」「素晴らしい」

優れていることが際立つ表現に

すごい人や事柄に対して、驚きを込めた「おみごと」や「素晴らしい」は、冷やかしのように聞こえる場合も。他よりも優れていると、真摯に伝えましょう。

心に響く言いまわし1

卓越した

こんなとき……

彼女は卓越した歌唱力の持ち主だ。

他と比べ、群を抜いて優れていること。具体的な能力や技術などを称えるときに使います。**卓抜**、**卓出**、も同じ。

心に響く言いまわし2

秀逸

こんなとき……

今回の作品は秀逸な出来栄えだった。

段違いに素晴らしい様子。**傑出**、も同じ意味ですが、「秀逸」は作品や物事に対して使い、人物には用いません。

心に響く言いまわし3

鮮やか

こんなとき……

まばゆいばかりに色鮮やかな新緑。

色彩、形などが際立って、いきいきとした様。シンプルな言葉ですが、ストレートにビジュアル感覚に訴えます。

心に響く言いまわし4

玄人はだし

こんなとき……

彼の料理の腕前は、玄人はだしだ。

専門家が驚くほど、素人とは思えない、優れた技術や学問を持っていること。もちろん、プロの方には禁句です。

「若々しい」

健康的な輝きを未来に感じさせて

人はいつまでも若くありたいと望むもの。爽やかで活動的、キラキラした輝きに美しさを加えた言葉で、エネルギーも一緒に届けましょう。

心に響く言いまわし1

若さが弾ける

こんなとき……

ピチピチの若さが弾ける。

「弾ける」には勢い、心躍る期待、開放感があります。**若さがあふれる**、も同じ。若い人を美化するフレーズです。

心に響く言いまわし2

瑞々しい

こんなとき……

彼女の肌は瑞々しくて張りがある。

生気に満ちて美しい様。新鮮で、爽やかさな言葉です。「〜感性」「〜新緑」など、生命の躍動を感じさせます。

心に響く言いまわし3

若やか

こんなとき……

若やかな姿が目にまぶしいようだ。

若く生気に満ちた初々しい様子。**若々しい**、と同じ意味ですが、こちらのほうが華やぐイメージがあります。

心に響く言いまわし4

うら若い

こんなとき……

うら若き乙女たちが、下校している。

いかにも若く可憐な様。多くは女性に使います。やや時代がかっていますが、それに負けない清らかさが伝わります。

「上品」「優雅」

品格を醸し出す言葉を厳選

品のいい立ち居振る舞いを表す「上品」や「優雅」。他の言いまわしを使って、さらに日本的な美の繊細さ、奥深さなどを表現できます。

心に響く言いまわし1

たおやか

こんなとき……

春風になびく、たおやかな髪。

「たわむ」に由来する語。しなやかで、折れそうで折れない、の意。ほっそりした柔らかな物腰の女性のイメージ。

心に響く言いまわし2

おとなしやか

こんなとき……

おとなしやかな、感じのいい男性。

性質や言動が穏やかで、落ち着いている様子。物腰が静かな人は、それだけでも品性を感じさせます。

心に響く言いまわし3

はんなり

こんなとき……

はんなりとした京風の美人。

華やかで上品さと気品を兼ね備えている様。料理の味や、立ち居振る舞いを表すときにも使います。

心に響く言いまわし4

雅び（みやび）

こんなとき……

雅びな平安絵巻のような祭りの行列。

俗事から離れ、繊細で知的に洗練された美。**高雅**、も同じ意。古典的な言いまわしが品格や格調を感じさせます。

「うまい」「上手」「てきぱき」

手腕や能力を評価する

仕事の手腕や技量、個人の能力をほめる言いまわしです。「うまい」「上手」の繰り返しでは、やや食傷気味に。もう一歩踏み込んだ表現をしてみましょう。

心に響く言いまわし1

手際（てぎわ）がよい

こんなとき……

彼女の仕事は、手際がよい。

無駄を省いて効率的な様。同じことをしていても生産性があり、周囲とは違う技量や手腕のある様子を伝えるときに。

心に響く言いまわし2

十八番（おはこ）

こんなとき……

彼の十八番の曲が始まった。

周囲も認める、その人の最も得意とすることや、得意の芸などを言います。歌舞伎十八番からきています。

心に響く言いまわし3

神業（かみわざ）

こんなとき……

彼のハンドルさばきは神業に近い。

「うまい」や「上手」の域を超えて、超人的な技術や行為を称える言葉です。カリスマの技が近いイメージです。

心に響く言いまわし4

水際立（みずぎわだ）つ

こんなとき……

彼の水際立った手腕が冴えていた。

光彩を放つ、と同じ。他と比べ、ひときわ目立って優れた様です。めざましい働きをこんな言葉で称えたいものです。

ほめる

「匠の技」「熟練」

奥深さを感じさせる言葉たち

「熟練」や「匠の技」に至るまでの、長い年月や努力の跡を感じさせる言葉を集めました。味わいや深みといったものを楽しみましょう。

心に響く言いまわし1

長（た）ける

こんなとき……

彼女は文才に長けている。

ある才能が十分に備わっていること。**長じる**、とも。シンプルで素直なほめ言葉は、読み手にもまっすぐ伝わります。

心に響く言いまわし2

練達（れんたつ）

こんなとき……

彼女のピアノは、練達の域に達した。

練習や訓練によって熟練し、その道に深く通じていること。「練達したドライバー」「練達の職人技」などと用います。

心に響く言いまわし3

円熟（えんじゅく）

こんなとき……

この絵は画家として円熟期の作品。

知識、技術が十分に発達し豊かな内容を持つこと。「～の域に達する」や、「～した人間味」など人格にも使います。

心に響く言いまわし4

枯（か）れる

こんなとき……

芸が枯れて、いい味が出てきた。

人物や技術が練れて、深い味わいが出てくること。「枯れた味わいの演技」など、まさに渋い表現です。

「慣れる」「なじむ」

なじみ具合を表すフレーズ

人や物事に親しむ、なじんでいる様子を表現した言葉を紹介します。微妙な雰囲気や様子を、バリエーション豊かに伝えましょう。

心に響く言いまわし1

溶け込む

こんなとき……

新入社員が職場に早くも溶け込んだ。

周囲の環境や雰囲気になじんで混ざり合うこと。少し堅い言いまわしなら、**融和する**、**順応する**、といった言い方も。

心に響く言いまわし2

こなれる

こんなとき……

だんだんと接客もこなれてきた。

どうするとうまくできるか、体感的にわかってくること。角がとれて丸くなる、調和のとれた状態、という意味です。

心に響く言いまわし3

場慣れ

こんなとき……

場慣れした雰囲気を持っている。

何度も同じ経験をし、その場所や物事に慣れていること。対象への信頼感や安心感というニュアンスも込められます。

心に響く言いまわし4

懐く

こんなとき……

どの孫も祖母によく懐いている。

親しみ、親近感を抱いていること。「慣れる」や「なじむ」より、さらにオープンな感じがします。

「誠実」「まじめ」

信頼できる人柄がにじむ言葉

「誠実」や「まじめ」な人柄を表現する言いまわしは、たくさんあります。なかでも、背すじが伸び、凛とした佇まいの人物像が浮かび上がるような言葉を選びました。

心に響く言いまわし1

物堅い（ものがたい）

こんなとき……

彼女は物堅い家庭に育った。

慎み深く律儀。**謹直**、**堅実**、などと同様、信頼できる人物像に結びつきます。度を過ぎると堅物（かたぶつ）と言われるおそれも。

心に響く言いまわし2

折り目正しい（おりめただしい）

こんなとき……

見かけによらず、折り目正しい青年。

行儀作法をよくわきまえていること。**礼儀正しい**、だけでなく正義感の強さ、倫理・道徳感のあることも伝わります。

心に響く言いまわし3

律義（りちぎ）

こんなとき……

律儀にも拾った百円を交番に届けた。

非常に義理堅いこと。正直なこと。約束を守り、受けた恩は忘れない、そんな誠意にあふれた人柄を表すときに。

心に響く言いまわし4

竹を割ったような（たけをわったような）

こんなとき……

まっすぐで、竹を割ったような性格。

気性がサッパリしていて、まっすぐなことです。裏表がなく、素直で誠実な人柄を表すときに。

「性格」「人格」「人柄」

気の利いた言いまわしで人柄を表現

「性格」や「人格」といった堅い言葉を、柔らかく、優しい表現に言い換えます。風貌や人柄に合わせて、ぴったりな言いまわしを選びたいものです。

心に響く言いまわし1

心ばえ（こころばえ）

こんなとき……

妻は心ばえの優しい女性だった。

古典的な言い方で、心の持ち方のこと。優しい響きの大和言葉です。配慮、風情といった意味で使われることも。

心に響く言いまわし2

心根（こころね）

こんなとき……

彼女は大らかな心根の持ち主だ。

その人の心の底にある生まれつきの性格。似たようなニュアンスでは**本性**、**気心**、**性分**、といった言葉もあります。

心に響く言いまわし3

気立て（きだて）

こんなとき……

気立てのよさが彼女の魅力。

生まれながらの気質、心の持ちよう。特に他人への態度に表れる性質を指すことが多い。**心立て**、と言い換えても。

心に響く言いまわし4

人となり（ひととなり）

こんなとき……

彼の人となりがよく表れた作品。

生まれ持った性格・性質。全体的な人格を意味することも。人柄や人物像を、少し改まって言い換えたいときに。

ほめる

「シャープ」「頭いい」「切れ者」

鋭さを切れ味のいい言葉で

物事を即座に理解し、瞬時に適格な判断ができる人を言い表します。頭の回転が速く、感覚も鋭い人には、切れ味のいい言葉が似合います。

心に響く言いまわし1

打(う)てば響(ひび)く

こんなとき……

打てば響くような答えが返った。

すぐその反応や効果が表れること。刺激を与えれば、その分成果を上げるという意味も。**ツーと言えばカー**、も同じ。

心に響く言いまわし2

目(め)から鼻(はな)へ抜(ぬ)ける

こんなとき……

賢くて、目から鼻へ抜けるようだ。

頭の回転が非常に速く、すぐ理解するということ。抜け目がない様子も。**一を聞いて十を知る**、と言い換えられます。

心に響く言いまわし3

目先(めさき)が利(き)く

こんなとき……

目先が利く人にはかなわない。

先を見通す力があること。その場の状況に応じて、機転を利かせられるような人を表すときに。**目端が利く**、とも。

心に響く言いまわし4

才知(さいち)に長(た)ける

こんなとき……

見目麗しく、才知に長けた人。

才能、知恵に恵まれ頭の回転が速いこと。**才知に富む**、**才気煥発(かんぱつ)**、**才気走る**、も同じような意味として使われます。

「圧倒される」「尻込みする」

押され気味の感情

人や事物に圧倒され、引け目を感じたり、怯(ひる)んでしまうような感情を表します。耳になじみのある言葉が多いので、安心して使えます。

心に響く言いまわし1

気圧(けお)される

こんなとき……

相手の迫力に気圧、
されてしまった。

相手の勢いに気分的、精神的に押され、弱気になること。**怯む**、**たじろぐ**、**臆(おく)する**、などが同じ意味です。

心に響く言いまわし2

呑(の)まれる

こんなとき……

会場の雰囲気に
呑まれてしまった。

場の雰囲気や人に圧倒される、威圧されること。**位負け**、とも。「酒に呑まれる」の場合は、取り込まれるの意。

心に響く言いまわし3

たじたじ

こんなとき……

鋭い言葉に、
たじたじとなった。

困難に直面したり相手の気勢に圧倒されて怯む様。よろめき歩くことの擬声語に由来するので、ユニークに響きます。

心に響く言いまわし4

うろたえる

こんなとき……

突然の知らせに、
うろたえてしまった。

思いがけない物事に慌てたり、驚いたり、動揺する様子。**面食らう**、**まごつく**、なども同じ条件で使えます。

「勇ましい」「勇敢」

女性を形容するときは注意を

勇ましさや頼もしさを表す言いまわしには、男性的な言葉が多くなります。女性に対しては禁句や、言い換えを要する場合もあるので留意しましょう。

心に響く言いまわし1

凛々（りり）しい

こんなとき……

息子の制服姿が、凛々しく見えた。

引き締まって頼もしい様子。厳しい条件の下で頑張っている人や物に対して使います。女性には**凛（りん）とした**を。

心に響く言いまわし2

雄々（おお）しい

こんなとき……

雄々しく困難に立ち向かうヒーロー。

男らしく勇ましいこと。強い意志や勢いが感じられます。**猛々しい**、**果敢な**も同じ意味。女性には禁句です。

心に響く言いまわし3

怖（お）めず臆（おく）せず

こんなとき……

怖めず臆せず、意見を主張する。

物事に対して、恐れの感情を抱かない様。普段使いなら「びくびくしない」。**気後れせず**、**ものともせず**、も同じ。

心に響く言いまわし4

命（いのち）知（し）らず

こんなとき……

命知らずの行動力に敬服するばかり。

命の危険も考えずに振る舞うこと。また、その人やその様。**向こう見ず**、**無鉄砲（むてっぽう）**、などと言い換えることも。

「厳か」「厳めしい」

尊さに気持ちが引き締まる

日常からかけ離れ、近づきにくいものには、何かしら特別な力や美しさが備わっています。そうしたものへ敬意を表すには、重々しく響く言葉がふさわしいでしょう。

心に響く言いまわし1

神々しい（こうごうしい）

こんなとき……

大仏の神々しい姿を目に焼き付ける。

厳かで気高くおかしがたい様。神秘的な尊さも言います。社寺の佇まいや神仏の姿などに。**崇高**、**荘厳**、なども同じ。

心に響く言いまわし2

気高い（けだかい）

こんなとき……

気高く、美しい人が壇上に現れた。

高い品性や知性を感じさせる上品さ。俗世間の影響を感じさせない身分の高さ、の意も。**高尚な**、**高潔な**、も同じ。

心に響く言いまわし3

粛として（しゅくとして）

こんなとき……

神社では、粛として襟を正した。

心を引き締めてかしこまる様。静まり返っている様子。「〜声なし」とすれば、張り詰めた空気を感じさせます。

心に響く言いまわし4

格調高い（かくちょうたかい）

こんなとき……

文豪の格調高い文章に魅了された。

物事に伝統や品位が感じられる様。**格式ばった**、**風格のある**、**ハイソな**、も日常とは違う世界を表す言葉です。

ほめる

「めったにない」「レア」「希少」

驚きを込めて

めったに起きないような事象に遭遇したときの言いまわしです。「珍しい」という感情がより強調され、驚きがリアルに読み手へと伝わります。

心に響く言いまわし1

稀有（けう（ゆう））

こんなとき……

絶滅危惧種の稀有な動物。

とても珍しく貴重であること。**稀**（まれ）、も同じ意味です。対象は「人、物、事」と、使い勝手のいい言葉です。

心に響く言いまわし2

例を見ない（れいをみない）

こんなとき……

この秋は近年、例を見ない豊作だ。

似たようなものが他にはない様。「これまでにない」の言い換えです。**未だかつてない**、**前代未聞**、も同じ。

心に響く言いまわし3

希代（きだい（たい））

こんなとき……

黒田官兵衛（くろだかんべえ）は希代の軍師（ぐんし）だった。

極めてまれなこと。数少ない存在の優れた人物について使うことが多く、同じ意味では**希世**（きせい）、**類稀**（たぐいまれ）、も同様です。

心に響く言いまわし4

未曽有（みぞう）

こんなとき……

台風が未曽有の大災害を生んだ。

今までにないほど非常に珍しいこと。「未曽有の大惨事」などと使います。**空前絶後**、などにも置き換えられます。

「優秀」「ケタ違い」

並外れた人物

他と比べて、ある能力や技量が特に優れた人を形容する言いまわしになります。「異彩を放つ」だけは、その人の個性が際立っていることを表します。

心に響く言いまわし1

群を抜く

こんなとき……

彼の営業成績は群を抜いていた。

多くの中で飛び抜けて優れていること。「抜群です」とするよりも新鮮です。**突出する**、**抜きん出る**、も同じ。

心に響く言いまわし2

追随を許さない

こんなとき……

彼の記録は他の追随を許さない。

後に続く人がいないほど、の意。飛び抜けた技量や能力を持つ人を表すときに。**追従を許さない**、も同じ。

心に響く言いまわし3

傑出

こんなとき……

彼女の絵には傑出した表現力がある。

特に抜きん出て優れていること。「～した演技力」などと使います。**比類ない**、**屈指**、と言い換えることも。

心に響く言いまわし4

異彩を放つ

こんなとき……

独特な風貌が異彩を放った。

普通とは違った色彩や光を出し、ひときわ際立って見えること。個性的な人を表すときにも、なじむ言葉です。

ほめる

「見上げたもの」「気の毒」「痛々しい」

労りと同情を込めて

子どもの痛々しい姿に同情したり、ひたむきに頑張る人を見て感心したり。労りの感情をストレートに表現できる言いまわしを選びました。

心に響く言いまわし1

いたいけ

こんなとき……

子どもたちの姿がいたいけだった。

幼い子どもなどの痛々しく、あわれな様。漢字では「幼気」と書き、幼くてかわいい様、という意味も。

心に響く言いまわし2

いじらしい

こんなとき……

寂しさに耐える様子がいじらしい。

小さな子どもや力の弱い者の様子が、あわれで同情を誘う感じ。守ってあげたい、助けてあげたいという気持ちです。

心に響く言いまわし3

健気（けなげ）

こんなとき……

健気な彼女が苦しい家計を支える。

心がけや態度がしっかりしている。弱い者が困難に立ち向かう姿に感心する思いは、**甲斐甲斐しい**、**ひたむき**、とも。

心に響く言いまわし4

殊勝（しゅしょう）

こんなとき……

殊勝な心がけが彼を成功へ導いた。

心がけがしっかりしていて感心なこと。**神妙**、も同じ。「～な行い」「～な態度」などと用います。目上の人には禁句。

「気合いを入れる」「引き締める」

前向きな気持ちを後押しする

緊張感を高めるために気合いを入れたり、たるんだ気持ちを引き締めたり、人を励まして前向きな気持ちにさせるには、さまざまな方法があります。

相手の背中をそっと押すように促すのか、それとも強い言葉をかけて勇気づけるのか。それぞれのシーンに合った表現を使い分けたいものです。

心に響く言いまわし1

活を入れる

こんなとき……

失恋で落ち込んでいる友だちに活を入れる。

活発でないものや衰弱したものなどに、刺激を与えて元気づけること。激励に近いかもしれません。「喝を入れる」と書きがちですが、「喝」は大きな声で叱ったり、脅したりすることです。

心に響く言いまわし2

発破（はっぱ）をかける

こんなとき……

あの人は、発破をかけられないと自分から動こうとしない。

激しい言葉をかけて奮い立たせたり、気合いをかけたりすること。「はっぱ」とは、爆薬で岩石や鉱石を爆破する「発破」のこと。くすぶっている相手のお尻に火をつけるようなイメージです。

心に響く言いまわし3

奮（ふる）い立（た）たせる

こんなとき……

偉人の残した言葉が、弱気になっていた彼を奮い立たせた。

「奮い立つ」は「奮う」の強調表現で、「さあ、やるぞ」という、何かをしようとする気力をみなぎらせることです。**振り起こす**、**奮い起こす**、**奮起させる**、も同じ意味合いで使える言葉です。

心に響く言いまわし4

ねじを巻（ま）く

こんなとき……

ダレ気味のみんなのねじを巻き、きりりとさせる。

古くから使われている慣用句のひとつ。ゆるんだ気持ちや、だらしない行動や態度を叱ったり、励ましたりすること。それによって、場の雰囲気や人心を引き締めることを言います。

「同情する」「気持ちを察する」

相手の気持ちになって考える

相手の辛さや悲しさが身に染みてわかることがあります。そんなときに「かわいそう」「頑張って」といった言葉をかけても、傷口が広がるだけかもしれません。

大事なのは、相手の気持ちを慮り（おもんぱか）つつ、同情の気持ちをさりげなく伝えることです。

心に響く言いまわし1

身（み）につまされる

こんなとき……

彼の苦境を聞いて
身につまされる
思いがした。

人の不幸などが、自分の境遇・立場と重なる部分があり、とても切実に感じられることです。「とても他人事とは思えない」気持ちです。深い同情と労りがこもる言いまわしです。

心に響く言いまわし2

他人事（ひとごと）ではない

こんなとき……

小さい子どもがいる
私には、とても
他人事とは思えない。

不幸な境遇や災難が他人だけのことではなく、やがては我が身にも降りかかってくるかもしれない。そんな心構え、気持ちを表す言葉です。「たにんごと」という読みは誤りです。

心に響く言いまわし3

明日（あす）は我（わ）が身（み）

こんなとき……

明日は我が身と、
気を引き締めて臨んだ。

ここでいう「明日」は、「次の日」ではなく「近い将来」という意味合い。「他人の身に起こった不幸が、近い将来自分にも降りかかってくるかもしれない」。そんな気持ちを表現します。

心に響く言いまわし4

相見互（あいみたが）い

こんなとき……

相見互いなので、
いつでも相談に乗ります。

「相見互い身」を省略した言葉で、同じ悪い境遇、同じ身分の人が互いに同情し合い、助け合うこと。またはそのような間柄を言います。「武士は相見互い」という表現がよく知られています。

「勇気づける」「応援する」

人を後押しする言葉

人を勇気づけ、やる気を引き出すには、状況や相手に応じたやり方があります。さまざまな激励、応援の形を示す言いまわしを紹介します。

心に響く言いまわし1

鼓舞（こぶ）

こんなとき……

将軍に鼓舞され、兵士が奮闘した。

人に働きかけて気持ちを奮い立たせること。「鼓舞」の「太鼓と舞」に対し、「太鼓と笛」で励ます意味の**鼓吹**（こすい）、も。

心に響く言いまわし2

背中（せなか）を押（お）す

こんなとき……

彼のひと言が、私の背中を押した。

迷ったり、躊躇（ちゅうちょ）している人に、そっと決断を促すこと。人生の転機となった場面を表すときなどに用います。

心に響く言いまわし3

叱咤激励（しったげきれい）

こんなとき……

叱咤激励で仕事に勢いがついた。

大声や厳しい言葉で叱りつけて励ますこと。語感からも激しさが伝わります。目下から目上の人に使うのはＮＧです。

心に響く言いまわし4

エールを送（おく）る

こんなとき……

日本代表の選手たちにエールを送る。

エールは声援。そこから、相手を応援する気持ちを伝える、というニュアンスの言葉。スマートな響きがあります。

励ます

「知らぬふり」「見逃す」

「見て見ぬふり」もときには大事

すべてのことを見知っていたら、互いに窮屈です。ときには寛容さを示すことで救われることも。そんな広い心、仏心を表した言葉を集めました。

心に響く言いまわし1

目こぼし

こんなとき……

今度だけは
お目こぼしします。

咎めるはずのことを故意に咎めないこと。**大目に見る**、**目を瞑る**、も、問題なしに済ませてしまう点で同じです。

心に響く言いまわし2

手心を加える

こんなとき……

私に同情して
手心が加えられた。

手加減をすること。そこに相手の事情に考慮したはからい、というニュアンスを含ませることもできそうです。

心に響く言いまわし3

看過する

こんなとき……

こうした問題を
看過できない。

気づいていながら、そのまま放っておくこと。「見過ごす」のやや改まった表現になります。ビジネス文章などに。

心に響く言いまわし4

黙認

こんなとき……

今回の過失は黙認
することになった。

規則違反などを暗黙のうちに許すこと。過失などを黙って見逃すことです。**不問に処す**や、**スルーする**、でも。

「ご迷惑をかけました」「お手数をかけました」

スマートに謝る

相手に迷惑をかけたことを謝罪することは、ビジネスにおいても、プライベートにおいてもよくあることです。「ご迷惑をおかけしました」をさらに具体的に、ストレートに吐露して、申し訳なく思う心情をしっかりと伝えましょう。それが相手からの信頼を得る、スマートな謝り方です。

心に響く言いまわし1

足(あし)を引(ひ)っ張(ぱ)る

こんなとき……

チームの皆さんの
足を引っ張ってしまい
ご迷惑をかけました。

仲間の成功や前進などの邪魔をすること、結果として邪魔になる行動をしてしまうこと。自分一人のために、多くの人に迷惑をかけた際に使う表現です。**足手まといになる**、**足枷(あしかせ)になる**、も同様の意味です。

心に響く言いまわし2

手間をとらせる

こんなとき……

いろいろとお手間を
とらせました。

わざわざ自分のために手間をとらせ、迷惑をかけたことを謝る表現。「手間」は時間がかかるという意味も含んでいますが、「手数」は手続きなどが煩雑であるという意味合いが強くなります。

心に響く言いまわし3

面倒をかける

こんなとき……

その節は、たいへん
ご面倒をおかけしました。

面倒なことで人を煩わしたり、世話になったりすること。**手を煩わせる**、**骨を折らせる**、と言い換えも可能です。自分のために手間をとらせたことを、こんな表現で上手に謝りましょう。

心に響く言いまわし4

しわ寄せがいく

こんなとき……

こちらのミスでそちらへ
しわ寄せがいき、
申し訳ありません。

物事を行う際に生じた矛盾や不利な条件を、他に押し付けることを「しわ寄せ」と言います。自分のせいでとばっちりを食った人に「〜がいってしまい申し訳ありません」のように用います。

「気を悪くせずに」「ご勘弁ください」

謝罪を受け入れてもらう

「空気を読む」という表現がよく使われるように、その場の雰囲気から状況を推察することが求められている時代。それは謝罪するシーンも、同様かもしれません。

「許してください」という直接的な言葉を使わずに、謝罪を受け入れてもらうには、どのような言葉を選んだらいいのでしょうか。

心に響く言いまわし1

悪しからず

こんなとき……

いい、悪しからず、ご了承ください。

「悪く思わないで」「気を悪くしないで」のように、相手の意に添えず申し訳ないという気持ちを表す語。多少皮肉の意を含むこともあるので、ビジネスの謝罪などで使う際は、特に注意が必要です。

心に響く言いまわし2

これに懲りず

こんなとき……

これに懲りずに、
今後ともよろしく
お付き合いください。

「至らない点もあったが、これからもよろしく」とお願いする言葉。相手に誤解を与えないよう、「無理なお願いにもかかわらず」のように、「懲りる」の意味や内容をはっきりさせておくことが大事です。

心に響く言いまわし3

お汲み取りください

こんなとき……

どうか事情を
お汲み取りください。

表面に現れないものを推察し、理解することを「汲み取る」と言います。謝罪するときに使うと、こちらの心情を相手に斟酌してもらい、勘弁してもらう、といった意味合いになります。

心に響く言いまわし4

お察しください

こんなとき……

何とぞ事情を
お察しいただき、
ご理解ください。

推し量って考えること、推察して知ることを「察する」と表現します。相手にこちらの事情や心情を汲んでもらいたい場合は「お察しください」と表現します。ただし、目上の人に使うと失礼になります。

「出しゃばり」「身の程知らず」

謙虚さと控えめを味方に

「出しゃばり」や「身の程知らず」は嫌われますが、それを逆手にとってしまえば、波風も立ちません。同じ言葉を謙譲語の言いまわしで使います。

心に響く言いまわし1

おこがましい

こんなとき……

私がなどがおこがましいのですが……。

身の程をわきまえない、生意気だ、の意。自分に対して用いることが多い言葉。**差し出がましい**、**厚かましい**、とも。

心に響く言いまわし2

いらぬお節介（せっかい）

こんなとき……

いらぬお節介ととられかねない。

余計なことに口を出す必要はない、ということ。「節介」は「ちょっかい」にも通じます。**しゃしゃり出る**、も同じ。

心に響く言いまわし3

柄（がら）にもなく

こんなとき……

柄にもなく心配をしています。

行動がその人には似つかわしくない様子。**分を超えた**、も同じニュアンス。親しい間柄なら**キャラじゃない**、とも。

心に響く言いまわし4

僭越（せんえつ）

こんなとき……

僭越ながら、ひと言書き添えます。

地位や立場を超えて、出すぎたことをすること。「〜ながら」は「出すぎたまねをして申し訳ない」という気持ち。

「断る」「ムリ」

角を立てず、やんわりと断る言葉

人からの誘いや頼まれごとを断るときは、婉曲的な言いまわしで角を立てないようにします。さらに、丁寧な表現で、こちらの誠意も伝えましょう。

心に響く言いまわし1

遠慮（えんりょ）する

こんなとき……

今回は遠慮させていただきます。

「断る」の敬語表現。角を立てずに断わりの意思表示ができます。同じくやんわり断るなら**見合わせる**、**辞退する**。

心に響く言いまわし2

よんどころない

こんなとき……

よんどころない事情で欠席します。

そうするより仕方ない、の意。「よんどころない事情」は、ビジネスシーンでよく聞く、角の立たない表現です。

心に響く言いまわし3

荷（に）が勝（か）つ

こんなとき……

私には荷が勝ちすぎた仕事です。

責任や負担が重すぎること。**人を得ない**、**任ではない**、とも。カタカナ表記ならば「ミスキャスト」でしょうか。

心に響く言いまわし4

ご容赦（ようしゃ）ください

こんなとき……

その件に関しては、ご容赦ください。

「ご容赦ください」には「（そのへんで）ご勘弁を」「お汲み取りください」というニュアンスがあります。

「こちらの全責任」「言い訳できない」

「すみません」では済まないときに

ここでは主にビジネスの場における、謝罪の言葉を紹介します。「すみませんでした」では、相手の怒りが収まらないときに、心からの反省の意を伝えます。

心に響く言いまわし1

申(もう)し開(ひら)きできない

こんなとき……

今回の件は、申し開きができない。

自分の行為の正当性が説明できないほど、明らかに申し訳ないという気持ち。ビジネスシーンでの率直な謝罪に。

心に響く言いまわし2

弁明(べんめい)の余地(よち)もない

こんなとき……

私がしたことは弁明の余地もない。

説明をして誤解を解く余裕もない、の意。弁解できない状況です。**言い逃れできない**、**釈明(しゃくめい)の余地もない**、などとも。

心に響く言いまわし3

合(あ)わせる顔(かお)がない

こんなとき……

恥ずかしい失敗で、合わせる顔がない。

恥ずかしくて、その人の前に出られない気持ち。**顔向けできない**、**面目ない**、とも。申し訳ない気持ちも交じります。

心に響く言いまわし4

身(み)の縮(ちぢ)む思(おも)い

こんなとき……

とんだ失態に、身の縮む思いです。

緊張や恐怖で、体が小さくなる思い。仕事上のミスを謝る場合や、上司や得意先から叱責を受けたときなどに。

謝る

「思いがけなく」「本意ではない」

大和言葉でやんわりと釈明

謝罪の場面では誠意が大切ですが、場合によっては釈明も必要です。そんなときは、謝意を大和言葉にのせて、やんわりと穏やかに伝えましょう。

心に響く言いまわし1

はしなくも

こんなとき……

いいい、はしなくも惨敗し、無念でなりません。

思いがけなく。図(はか)らずも、の意。今どきなら「想定外に」。思いもよらない不運、幸運どちらにも使えます。

心に響く言いまわし2

ゆくりなく

こんなとき……

いいい、ゆくりなくも天候不順で遅れました。

思いがけず、不意に、の意。「も」を伴う場合も。前置きに用いることで、やんわりエクスキューズができます。

心に響く言いまわし3

たまさか

こんなとき……

いいい、たまさか留守にしてしまった。

偶然。たまたま。「偶さか」。思いがけないトラブルなどが起こったときに。「偶然」よりも改まった言いまわしです。

心に響く言いまわし4

心(こころ)ならずも

こんなとき……

いいい、心ならずも返信が遅くなりました。

不本意ながら、やむをえず、の意。思いもよらず、という気持ちを強調して謝れば、相手は怒りにくくなります。

共感をよぶ いいね！ フレーズ

映画鑑賞

鑑賞した映画の内容や感想を興味深く伝えるには、言葉選びはもちろん、作品のどこにフォーカスするかで印象が変わるでしょう。

いつものフレーズ

「おもしろかった」
「感動した」
「やばい」
「名作」

言い換えフレーズ

見ごたえのある大作でした。

観たときの感動はもちろん、その後の余韻や感慨も含めた感想になります。深みのある言いまわしです。

後味のいい作品でした。

心に残る、心惹かれる、といった気持ちを表現した言いまわし。**いつまでもかみしめていたい**、にも似たニュアンス。

この映画には、**いい意味で裏切られました**。

作品の内容や出来ばえなどが、想定外の素晴らしさだったことを表します。印象的な言いまわしです。

小品ですが、なかなかの佳作です。

低予算や小規模で制作した映画を小品と言います。こうした中に味わいのある作品を見つけた喜びを伝えます。

主人公がひとり芝居をする場面が心にしみました。

伝え方のテクニックのひとつ。映画のワンシーンに絞って感想を伝えると、受け手の印象に強く残るものです。

ベテラン俳優の○○にとっても、過去最高の作品になる。

出演している役者にフォーカスした感想も、前の項目と同じように受け手の興味をひきます。

第六章

怒り　不平・不満

負の感情を「角を立てずに」伝える

「カチン」「スルーできない」

モヤモヤした怒りを言葉にする

怒りの感情を直接口にすると角が立つ。そんなシチュエーションで、やんわりと相手に「怒っていますよ」と伝えるための言葉を紹介します。

ストレスフルな社会を上手に渡っていくには、こうした言葉を巧みに使いこなすことが肝心です。それぞれのニュアンスをチェックしておきましょう。

心に響く言いまわし1

聞き捨てならない

こんなとき……

あのひと言は、聞き捨てならない発言でした。

聞いたままで放っておくことができず、問題にしないわけにはいかない、の意。主に相手の不適切な発言に「同意できない、異論がある」という抗議の意思を表すときに使われます。**問題発言**、も同じ。

心に響く言いまわし2

気持ちが収まらない

こんなとき……

あのことを思い出すと気持ちが収まらない。

平静を保つのが難しい様。なかでも、怒りの感情をしずめることができないときに用いられます。怒りの場面で使われる同様の表現に**憤懣やるかたない**、**腹の虫が収まらない**（↓P222）、があります。

心に響く言いまわし3

胸を痛めている

こんなとき……

○○さんのひと言に胸を痛めています。

心を悩ますこと、を言います。また、いたく心配する、といった意味もあります。こちらの感じている苦痛を伝えながら、相手にやんわりと改善や対応を促すような文脈でも用いられます。

心に響く言いまわし4

こともあろうに

こんなとき……

こともあろうに、あんな言い方をするとは。

他にいろいろあるだろうに、よりによって、を意味する言葉です。最悪の事態に直面したとき、「こんなことがあっていいのか、とんでもないことだ」と憤っていう言葉です。**あろうことか**、も同じ。

「カンカンに怒る」

「激しい怒り」を書き表す

強くて激しい怒りを表す言葉をピックアップしました。ひと言で「激しく怒る」と言っても、表情に注目するか、発言に注目するかなどで、使うべき言葉は異なります。

自分が描きたいシーンに応じて、ありありとイメージがわくような、ベストな一語を選んでみましょう。

心に響く言いまわし1

息（いき）まく

こんなとき……

「このままでは絶対に許さない」と息まいた。

息づかいが荒くなるほど、激しい怒りを示すこと。強い口調でまくしたてること。激しい言葉づかいで、怒りの感情を表すようなときに用います。**気炎（きえん）を上げる**、も同じ。息巻くと書くのは誤用です。

心に響く言いまわし2

気色（けしき）ばむ

こんなとき……

意見を否定されて気色ばんだ。

むっとして怒りの表情を見せること。ここでは顔にフォーカスして怒りを表しています。気色には「表情、顔つき」という意味と、表情に心の状態が表れているという意味もあります。**色をなす**、も同じ。

心に響く言いまわし3

いきり立（た）つ

こんなとき……

失礼な態度をとられいきり立った。

激しく怒って興奮すること。言葉に出して怒る前の段階を指しています。漢字で「熱り立つ」と書くように、怒りの感情で熱く高ぶっているイメージの言い回しです。**猛（たけ）り立つ**、も同じ。

心に響く言いまわし4

烈火（れっか）の如（ごと）く

こんなとき……

部下の失態に上司が烈火の如く怒った。

非常に激しく怒る様子を、燃えさかっている火に例えた言いまわし。ものすごい怒りの表情を示すときは「烈火の表情」と書きます。いずれも迫力のある語感ですから、ただならぬ怒りが感じられます。

「プライドがずたずた」「面目まるつぶれ」

恥ずかしさ、やるせなさを表現

世間体や名誉が傷つけられて、恥ずかしく思う気持ちを表します。状況に応じてニュアンスの異なる四つのフレーズを使い分けてみましょう。

心に響く言いまわし1

立つ瀬がない

こんなとき……

それでは私の立つ瀬がない。

立場がない、世間に顔向けできない、の意。相手に抗議の意思を伝えたいときに。「瀬」を「背」と書くのは誤用。

心に響く言いまわし2

面目が立たない

こんなとき……

約束を守らないと面目が立ちません。

人に顔が向けられないくらいの不名誉。「何としても避けたい」ニュアンスがこもります。**面子が立たない**も同じ。

心に響く言いまわし3

体面を損なう

こんなとき……

先輩として体面を損なうことになる。

「体面」は世間体や名誉のこと。世間体が悪くなって、いろいろと困る様子が連想されます。**体面を汚す**、とも。

心に響く言いまわし4

辱めを受ける

こんなとき……

友だちの前で辱めを受けた。

恥をかかされたときの言いまわし。単に恥ずかしかったときだけでなく、自分の名誉や地位が傷つけられたときにも。

「あまりにひどい」「見るに忍びない」

いたたまれない気持ちを表す

何かひどい出来事を体験したとき、「ひどい」のひと言で済ませるのではなく、ショックを受けた気持ちを適切に伝える表現を身につけましょう。

心に響く言いまわし1

目も当てられない

こんなとき……

失敗したら目も当てられない。

あまりにひどくまともに見ていられない。ショックを受けたときに使える定番フレーズ。**見るに堪えない**、も同じ。

心に響く言いまわし2

目に余る

こんなとき……

彼女の暴言は目に余るものだ。

あまりにひどすぎて、黙って見過ごすわけにはいかないときの表現。「ガマンの限度を超えた」ことが伝わります。

心に響く言いまわし3

あるまじき

こんなとき……

社会人としてあるまじき行為。

あるべきではない、あってはならない、ということ。不適切であり論外だ、という憤りがにじみ出てくるようです。

心に響く言いまわし4

直視できない

こんなとき……

不合格という現実を直視できない。

目をそらさずまっすぐ見られない、の意。受け入れ、対処できないニュアンスも伝わります。**正視できない**、も同じ。

「焦る」「ジリジリ」「焦燥」

あれこれ心配して焦る気持ちを

約束の時間に遅れそうなとき、思ったように物事が進まないときなど、気持ちが焦ってイライラする場面は日常にたくさんあります。

そんな状況を描写する数々の言いまわしの中から、使い勝手のよい言葉をセレクトして紹介します。どれも簡潔ながら、状況が端的に伝わる言いまわしです。

心に響く言いまわし1

気がせく

こんなとき……

事故の発生を通報しなければと気がせいていた。

物事を早く行いたくて気が焦る、心が落ち着かなくなることを表す慣用句です。「焦った結果、よくない状況が起きる」という文脈で使われることもあります。**心急く**、**逸る**、も同じ意。

心に響く言いまわし2

気をもむ

（き）

こんなとき……

約束の時間に間に合うか**気をもむ**。

心配して落ち着かないこと。悪い事態をあれこれ想像してやきもきする様子。「もむ」には「いらだつ、もだえる」という意味があります。**気がもめる**、とも書きますが、「気がもまれる」は誤り。

心に響く言いまわし3

歯がゆい

（は）

こんなとき……

後輩の仕事ぶりに**歯がゆい**思いをする。

思うようにならず、もどかしく思う、心がいらだつ、という意味です。他人のすることに、じりじりするような、じれったいときの言いまわしです。**もどかしい**、も同じ意味です。

心に響く言いまわし4

やきもき

こんなとき……

恋人の帰宅を**やきもき**しながら待った。

あれこれと気をもんで、いら立つ様。「このままいくとうまくいかないのではないか」と気をもむ様子。先の状況がわからないときに使います。**やきやき**、と書くこともあります。

「不満がある」「不愉快」

文句があるときのひと言

ここでは、どうにも納得のいかない状況で使う表現を紹介します。自分や他人の不満に思う気持ちを、効果的に表すことができます。

心に響く言いまわし1

意(い)に満(み)たない

こんなとき……

意に満たない決定でした。

気に入らない、満足しない。「ムカつく」などと比べると洗練された印象が生まれます。**意に添わない**、も同じ。

心に響く言いまわし2

零(こぼ)す

こんなとき……

つい愚痴を零したくなる。

不満や愚痴などをつい口に出すこと。**ぼやく**、が独り言に近いのに対して、抑え切れない思いを吐露する意味合い。

心に響く言いまわし3

口(くち)を尖(とが)らす

こんなとき……

口を尖らせて反論する。

唇を前に突き出して尖らせる。怒ったときの口つき、不満を言うときの表情。「くちばしを尖らせる」は誤用。

心に響く言いまわし4

含(ふく)むところがある

こんなとき……

彼女には含むところがあるようだ。

恨みや怒りなどの感情を心密かに抱いている、の意。「いつかリベンジを」という気持ちまでも伝わります。

不平・不満

「つまらない」「くだらない」

「しょうもない」を訴える

最初の二つの言葉は退屈でつまらない様子を、残りの二つの語は、些細(ささい)でくだらないものを指す言葉です。表現にひと工夫したいときに。

心に響く言いまわし1

味気(あじけ)ない

こんなとき……

味気ない作業を続けている。

面白みが感じられず、つまらないこと。退屈で無味乾燥な気持ちを表しています。**味もそっけもない**、も同じ。

心に響く言いまわし2

砂(すな)を噛(か)む

こんなとき……

砂を噛むような解説。

砂を噛んでも味がないことから、つまらなく興味がない様。「砂を噛んだよう」「砂を噛むような苦しさ」は誤用。

心に響く言いまわし3

取(と)るに足(た)りない

こんなとき……

彼の批判は取るに足りない。

問題にならないこと。あえて取り上げるほど価値がない、というときの慣用句です。**愚にもつかない**、も同じ意味。

心に響く言いまわし4

他愛(たわい)ない

こんなとき……

他愛のない話をしていました。

些細(ささい)でつまらない、手ごたえがない。**取るに足りない**。「言動が幼稚で、しっかりしていない」の意味でも使います。

「腹が立つ」「ムカつく」

イライラをユニークに表現

イライラ、ムカつきを表現する日本語にも豊富なバリエーションがあります。言葉を選んで使えば、怒りを伝えるときの説得力もアップします。

心に響く言いまわし1

こしゃく

こんなとき……

こしゃくな真似ばかりする。

生意気でこざかしく、しゃくにさわること。相手の態度にイラついているときには、**こしゃくにさわる**、とも。

心に響く言いまわし2

小面憎い(こづらにくい)

こんなとき……

兄が小面憎く見えました。

顔を見るだけでも憎らしく感じられる様。**面憎い**(つらにくい)、を強めた言葉です。**憎々しい**(にくにくしい)、**小憎らしい**(こにくらしい)、も同様の意味。

心に響く言いまわし3

腹(はら)の虫(むし)が収(おさ)まらない

こんなとき……

謝罪されても腹の虫が収まらない。

腹が立って我慢できないこと。人間の怒りの感情をおなかの中にいる虫に例えた慣用句。**腹の虫が承知しない**、も同じ。

心に響く言いまわし4

プンプン

こんなとき……

待たされた彼はプンプンしていた。

ひどく腹を立て機嫌が悪い様。**ブリブリ**、も同じ。語感に軽い響きがあり、怒ってはいるものの可愛らしい雰囲気も。

「見せかけ」「実（じつ）がない」

中身とのギャップを表す

世の中には、見た目はいかにもよさそうなのに、中身が伴っていない人・モノ・コトがよくあります。そんな状況を表す言葉をあげました。

心に響く言いまわし1

お為（ため）ごかし

こんなとき……

あの人の親切はお為ごかしでした。

一見すると相手のためにしているようでありながら、実は自分の利益をはかること。**じょうずごかし**、も同じ。

心に響く言いまわし2

綺麗（きれい）ごと

こんなとき……

綺麗ごとを言わないようにする。

体裁よく取り繕っているが、中身が伴っていない事柄。現実味がないことを指して、否定的な文脈で使います。

心に響く言いまわし3

体裁（ていさい）

こんなとき……

彼女は体裁ばかり気にしている。

世間の人から見られる格好や外見の意。それにとらわれて中身が後回しになっている様。**世間体**、**体面**、も同じ。

心に響く言いまわし4

上辺（うわべ）

こんなとき……

上辺は誠実そうに見える人です。

外見や見かけのこと。「上辺を飾る」「〜をつくろう」など実状とは違うことを表すときに。**上っ面**、も同じ。

「あきれる」「マジですか!?」

あきれて物が言えない

人間が驚きあきれると、何も言葉が出てこなくなることがあります。そんな、言葉が出ずにボーッと立ち尽くすような状況を表すフレーズを集めました。

ニュアンスを理解するのはもちろん、言葉の響きや比喩の面白さにもぜひ注目してみてください。

心に響く言いまわし1

開いた口がふさがらない

こんなとき……

同じミスが何度も起き、**開いた口がふさがらない**。

あきれてものが言えない。あきれたとき口をぽかんと開いたまま言葉を発しなくなる様子から生まれた慣用句。突然起きた事故など、瞬間的な出来事に対しては使いません。**二の句が継げない**、も同じ。

心に響く言いまわし2

目が点になる

こんなとき……

請求書の額を見て
目が点になった。

ひどくびっくりする。驚いて呆然とする。漫画で目を点のように描き、驚きを表すことから使われるようになった言葉です。ということは比較的新しい言葉と言えます。なお、**目を点にする**、とも書きます。

心に響く言いまわし3

何をか言わんや

こんなとき……

こんな常識も
知らないとは
何をか言わんや。

驚きあきれて、言うべき言葉がない。論外である、という意味です。「初日の挨拶に何をか言わんや」のように、「何を言ったらいいのか」という文脈で使うのは間違いです。

心に響く言いまわし4

唖然

こんなとき……

彼の失礼な振る舞いに
唖然とした。

思いがけない出来事に驚きあきれて、言葉も出ない様です。「唖然たる面持ち」といった表現もあります。「あまりの絶景に唖然とする」など、いい意味で使うのは誤りです。**呆然**も同じ。

「いい加減」「何も考えていない」

「適当」もいろいろ

「雑で適当な様子」を表す言葉をピックアップしてみました。ニュアンスの違いを意識しながら、文面に合った語を選んでみましょう。

心に響く言いまわし1

なおざり

こんなとき……

クオリティをいいいなおざりにする。

軽く見て、いい加減に扱う様。「おざなり」と似ていますが、「その場限りの間に合わせ」を意味する別の言葉です。

心に響く言いまわし2

ぞんざい

こんなとき……

パソコンをいいいぞんざいに扱う。

物事をいい加減で雑にすること。無責任さを感じさせ、乱暴で無作法な態度を表すときにも。**投げやり**、**粗略**、も同。

心に響く言いまわし3

行(い)き当(あ)たりばったり

こんなとき……

行き当たりいいいいばったりの旅。

無計画でなりゆきにまかせて行うこと。先のことを深く考えず、でたらめな様子を表します。**出たとこ勝負**、も同じ。

心に響く言いまわし4

杜(ず)撰(さん)

こんなとき……

杜撰な仕事ぶりいが目立つ。

物事のやり方に手抜きが多く、いいかげんな様。工事や仕事などに使う言葉であり、個人の性格などには使いません。

不平・不満

「忠告する」「言い聞かせる」

正しい方向に導く

ひと言で「言い聞かせる」といっても、関係性やシチュエーションに応じて言葉の使い分けが求められます。この四語の使い分けを知っておくと安心です。

心に響く言いまわし1

諭（さと）す

こんなとき……

マナーの大切さを諭す。

目下の人に目上から、事の道理を理解できるように言いきかせること。特に、教え導くというニュアンスがあります。

心に響く言いまわし2

かんで含（ふく）める

こんなとき……

かんで含めるように説明する。

親が食べ物を噛んで子どもの口に入れる。転じてよく理解できるよう丁寧に言い聞かせるの意。**言い含める**、も同じ。

心に響く言いまわし3

諫（いさ）める

こんなとき……

部長のパワハラを諫める。

正しいあり方を示しながら目上の人の間違いを改めるよう忠告する、の意。**諫言（かんげん）する**、も同じですが、やや堅い表現。

心に響く言いまわし4

釘（くぎ）を刺（さ）す

こんなとき……

お金を使いすぎないよう釘を刺す。

問題が起きないよう相手に念押しをする。釘を打って木材を固定することに由来した言いまわし。**釘を打つ**、も同じ。

「上から目線」「何をエラそうに」

偉そうな態度を表す言葉

やたらと偉そうな態度を見聞きしたとき、どんな言葉を使って書けば伝わりやすくなるのか。ここに、その一例となる言葉を紹介しています。

「超偉そう」「上から目線」といった言いまわしだけでは表し切れない、日本語の細かなニュアンスを意識しながら使ってみては。

心に響く言いまわし1

我が物顔（わがものがお）

こんなとき……

クラス内で**我が物顔**に振る舞う。

それが自分の領域である、と言わんばかりの態度や顔つきをすること。また、その様を言います。威張っている様子や、遠慮なく勝手に振る舞っている様などに用いられる言いまわしです。

心に響く言いまわし2

居丈高（いたけだか）

こんなとき……

威丈高に命令する
癖がある。

怒りで人を威圧するような態度をとる様。すさまじい勢いで怒る様子のこと。もともとは「座高を高くして身を反らせる様子」を意味する言葉であり「威丈高」とも書きます。**高圧的**、も同じ。

心に響く言いまわし3

驕り高ぶる（おごりたかぶる）

こんなとき……

たまたま成功したせいで
驕り高ぶっている。

増長して思い上がること。相手を見下して、高圧的な態度をとることです。自分の能力や優位性を過信し、他人に対して偉そうに振る舞っている様子を、批判的に言い表すときに使います。

心に響く言いまわし4

高慢（こうまん）

こんなとき……

係の人が高慢な
態度をとっていた。

自分の才能や地位、容貌などが人よりも優れていることに思い上がり、他人を見下すこと。また、その様子。高慢なことをののしった**高慢ちき**、という言葉もあります。**不遜**、**思い上がる**、も同じ。

「遠慮がない」「手加減がない」

「非常に厳しい」を言い換える

とても厳しい様子を表す言葉を紹介します。これらの言いまわしを上手に使いこなすことにより、文章に緊張感や迫力が生まれます。

心に響く言いまわし1

手厳しい

こんなとき……

手厳しい意見が出た。

人の行動や言動に遠慮がなく、とても厳しい様子。少しも容赦がないこと。**辛辣**、**手酷い**、も同じ意味です。

心に響く言いまわし2

情け容赦もない

こんなとき……

情け容赦もなく追い詰める。

情をかけて許すことなどせず、非常に厳しいこと。思いやりや遠慮のなさが伝わるフレーズです。**仮借ない**、とも。

心に響く言いまわし3

完膚なきまで

こんなとき……

完膚なきまで打ちのめす。

傷のないところがないくらいまで、徹底的にダメージを与える、の意。「完膚」は傷のついていない皮膚のこと。

心に響く言いまわし4

峻烈

こんなとき……

峻烈な批判を受けた。

非常に厳しく激しい様子。「妥協を許さない」というニュアンスがあります。**過酷**、**苛烈**、も同じ使い方です。

不平・不満

「苦手」「ウザい」「相性が悪い」

近寄りがたい気持ち

世の中には、どうしても相性の悪い、苦手な人がいるものです。そうした相性の悪さ、苦手意識を表現する言葉を集めてみました。

心に響く言いまわし1

折（お）り合（あ）いが悪（わる）い

こんなとき……

友人と折り合いが悪い。

人と人との関係や仲が悪いこと。**折り合いがつかない**、と言うと、お互いに妥協できず、話がまとまらない状態。

心に響く言いまわし2

反（そ）りが合（あ）わない

こんなとき……

あの二人は反りが合わないようだ。

馬が合わない、こと。刀身の曲がり具合が刀を収める鞘（さや）と合わないことを、人間同士の相性に例えて。

心に響く言いまわし3

しっくりいかない

こんなとき……

夫婦仲がしっくりいかない。

心が合わずうまく収まらない状態。語感の響きに味わいがあります。「しっくりといかない」と表現することも。

心に響く言いまわし4

疎（うと）ましい

こんなとき……

顔を見るのも疎ましい。

物事や人のことが嫌で遠ざけたいという思い。「ウザい」の置き換えにぴったりの言葉です。**厭（いと）わしい**、も同じ。

「暗い」「ネガティブ」

落ち込んだ気持ちあれこれ

普段気分が落ち込んだときにどんな表現を使っていますか？「テンションが下がる」も便利ですが、他にも使える表現がたくさんあります。

心に響く言いまわし1

浮かない

こんなとき……

彼女は一日中浮かない顔をしている。

心配事などがあって、悶々と（もんもん）している。また、沈んでいる様。「顔」「様子」などをつけて使うことが多いようです。

心に響く言いまわし2

物憂い（ものうい）

こんなとき……

雨のせいか、何か物憂い気分。

何となく心が晴れず気が進まない、けだるくおっくうな様子。「春の日は〜」などと書くと詩的な印象に。

心に響く言いまわし3

気が塞ぐ（きがふさぐ）

こんなとき……

一度の失敗で気が塞いでしまう。

気分が重くて憂鬱な様子。どんよりした気分が、心に満ちているようなイメージが伝わります。**胸が塞がる**、も同じ。

心に響く言いまわし4

滅入る（めいる）

こんなとき……

ここに来ると気が滅入ってしまう。

気分が落ち込み、ふさぎこんでしまうこと。**気重**、も同じ。「滅入る」には衰える、弱るという意味があります。

不平・不満

「急に態度が変わる」「豹変（ひょうへん）」

がらりと変わる様を表現

昨日までの態度や発言を、急に180度変える人がいます。柔軟と言うべきか、優柔不断と言うべきか。そんな急変を表す言葉を紹介します。

心に響く言いまわし1

掌（てのひら）を返（かえ）す

こんなとき……

掌を返すような
バッシングの嵐。

言葉や態度を変えること。手の平をひっくり返す動作が急変する様を連想させます。**手の裏を返す**、**手を返す**、も同。

心に響く言いまわし2

打（う）って変（か）わる

こんなとき……

昨日とは打って
変わった晴天。

物事や人の態度ががらりと変わること。「打って変わって」「打って変わった」の形で使われることが多いようです。

心に響く言いまわし3

一変（いっぺん）する

こんなとき……

彼は態度を
一変させた。

物事がすっかり変わる、変えること。文字からも「一気に変わる」という状況がイメージしやすい言葉です。

心に響く言いまわし4

翻意（ほんい）

こんなとき……

ぎりぎりになって
翻意する。

意思や決意を翻（ひるがえ）すこと。「翻す」とは、態度や意見などを急に変えることを意味します。**翻心（ほんしん）**、も同じ意味になります。

「無愛想」「冷淡」「ツンツン」

冷たくて思いやりがない

冷淡で意地悪な態度を表す言葉はたくさんあります。ここではよく使われる言いまわしを中心に紹介します。露骨な表現は、伝える相手や場に留意しましょう。

心に響く言いまわし1

けんもほろろ

こんなとき……

けんもほろろに電話を切られた。

頼み事などを無愛想に拒絶すること。**とりつくしまもない**、も同じ。「けん」はキジの鳴き声。「剣もほろろ」は誤用。

心に響く言いまわし2

すげない

こんなとき……

彼の返事はすげないものだった。

冷淡で思いやりがないことです。言葉や言い方が冷たい様子を指します。**そっけない**、**つれない**、も同じ。

心に響く言いまわし3

突(つ)っけんどん

こんなとき……

突っけんどんな対応をされた。

言葉や態度が、敵意を感じさせるくらいに冷たく、とげとげしい様子。**邪慳**(じゃけん)、**けんどん**、とも言います。

心に響く言いまわし4

とげとげしい(刺々しい)

こんなとき……

最初からとげとげしい様子だった。

態度や言葉遣いが意地悪できつい様。相手をちくちく刺すようなニュアンスがあります。**つんけん**した、とも。

不平・不満

「ひねくれる」「面倒くさい」

ひねくれ者を形容する

性格がひねくれていて扱いに困る。そんなやっかいな人を表す言葉を取り上げました。こういった言葉を使うと、表現の幅が広がります。

心に響く言いまわし1

斜に構える

こんなとき……

いつも斜に構えた態度の新人。

剣道で剣先を相手に真っ直ぐ向けないで斜めに構えること。そこから、物事にからかいや皮肉な態度で臨むという意味。

心に響く言いまわし2

つむじ曲がり

こんなとき……

つむじ曲がりなところがある人。

性格がひねくれていて素直でないこと。特に、他人とは反対の言動をとりたがる人を指します。**へそ曲がり**、も同じ。

心に響く言いまわし3

あまのじゃく

こんなとき……

彼のあまのじゃくは、以前からだ。

何かにつけ他人の言うこと、なすことにわざと逆らう人。「天邪鬼」と書き、昔話に登場する怪物が由来の言葉。

心に響く言いまわし4

偏屈

こんなとき……

無視するとよけい偏屈になる。

性格や考えが偏ってねじれていること、他人と同調しないこと。「ガンコで頑な」な響きがあります。

「抜け目ない」「油断できない」

「ずるい＋賢い」を端的に

「ずるくて悪賢い様子」を表す言いまわしを集めました。文字を見るだけでも、油断のならない雰囲気が伝わってくる言葉ばかりです。

心に響く言いまわし1

小賢しい（こざかしい）

こんなとき……

小賢しいやり口が、しゃくに障る。

悪賢い様。せっかくの頭のよさを、悪いことに使っている、というニュアンスも感じられます。**ずる賢い**も同じ。

心に響く言いまわし2

あざとい

こんなとき……

あざとい商売では、店は長く続かない。

やり方が悪辣、貪欲で抜け目がないこと。詐欺まがいの商法など、相手のあくどさを非難する文脈で用います。

心に響く言いまわし3

奸智（かんち）

こんなとき……

奸智に長ける。

悪賢い知恵、悪知恵のこと。「〜に長ける」は、悪知恵がよく働く様。ずる賢い知恵の**狡知**（こうち）、も同じ状況で使えます。

心に響く言いまわし4

狡猾（こうかつ）

こんなとき……

狡猾なふるまいをする。

悪賢くてずるいこと。同じニュアンスの言葉に**老獪**（ろうかい）。こちらは人生経験を積んだ分、非常に悪賢い様を表します。

「図々しい」「図太い」「厚顔無恥」

恥知らずな人

自分に非があるにもかかわらず、なんの反省もせずに平然としている。そんな図太い、恥知らずな人物を表す言いまわしを紹介します。

心に響く言いまわし1

臆面もない

こんなとき……

臆面もないお世辞を言う。

遠慮することなく、図々しい。「臆面」は、遠慮した表情や顔つきのこと。**臆面もなく、**という使い方も。

心に響く言いまわし2

悪びれる

こんなとき……

悪びれた様子もなく厚顔無恥な犯人。

気後れしておどおど振る舞うこと。「～こともなく」、下に打ち消しの言葉を伴い後ろめたさのないことを表します。

心に響く言いまわし3

いけしゃあしゃあ

こんなとき……

いけしゃあしゃあと言い訳をする。

非常に厚かましく、憎らしいくらいに平然としている様子。**しゃあしゃあ**、を強めた言葉です。**ぬけぬけ**、も同じ。

心に響く言いまわし4

傍若無人

こんなとき……

傍若無人な社長の振る舞い。

人前をはばからず勝手に振る舞うこと。他人を無視して、思うとおりのことをする様です。

「見下す」「低く見る」「あしらう」

いろいろな意味深な笑い

「冷ややかな笑い」を表す、微妙に意味合いが異なる、四つの言葉があります。状況や雰囲気にぴったりな言いまわしを選びたいものです。

心に響く言いまわし1

うすら笑（わら）い

こんなとき……

不適にうすら笑いを浮かべる。

軽蔑したり困惑したりしたときにかすかに笑うこと。**うす笑い**、より、軽蔑の度合いが高くなります。

心に響く言いまわし2

冷笑（れいしょう）

こんなとき……

失敗を冷笑されました。

他人をさげすんであざ笑うこと。文字どおり「冷ややかに笑う」。常にそうする人を冷笑家と言います。

心に響く言いまわし3

せせら笑（わら）う

こんなとき……

他人の発言をせせら笑う。

ばかにして笑うこと。あざけり笑うこと。相手を見下す「上から目線」を感じさせる言葉。**鼻先で笑う**、も同じ。

心に響く言いまわし4

嘲笑（ちょうしょう）

こんなとき……

世間の嘲笑を浴びる。

あざけり笑うこと。「嘲」には「あざける、ばかにする」の意味があり、見下して、からかっているときの笑いです。

不平・不満

「どうにもならない」「泥沼にはまる」

物事が行き詰まったときに

どうにも身動きがとれず、物事が行き詰まっている状況を伝えましょう。ここで紹介する言葉は、どれもその語感から〝ピンチ〟をイメージさせます。

心に響く言いまわし1

抜(ぬ)き差(さ)しならない

こんなとき……

抜き差しならない事態に陥った。

身動きがとれず、どうにもならない様。「抜き差し」は刀を抜いたり収めたりすること。刀が使えない様子が語源。

心に響く言いまわし2

のっぴきならない

こんなとき……

のっぴきならない事情がある。

退(の)くことも引くこともできない（退き引きならない）様子から、身動きがとれないことを指す慣用句です。

心に響く言いまわし3

二進(にっち)も三進(さっち)も

こんなとき……

不景気で二進も三進もいかない。

物事が行き詰まり、身動きがとれない状態。算盤用語で「計算のやりくりができない」ことからきたとか。

心に響く言いまわし4

袋小路(ふくろこうじ)

こんなとき……

交渉が難航し、袋小路に入り込んだ。

先が行き止まりになっている小路。転じて物事が行き詰まっている状態を表す言葉となりました。反対語は**抜け小路**。

「うるさい」「耳障り」

ノイズの音質や音量で使い分け

「うるさい」や「喧しい（やかましい）」の言い換えです。ノイズの種類や音の大きさ、不快度を意識すると、それぞれにふさわしい語が見つかります。

心に響く言いまわし1

かしましい

こんなとき……

かしましく騒ぎ立てる。

耳障りでうるさい。やかましい。女性の話し声について用いられることが多いようです。**かまびすしい**、も同じ。

心に響く言いまわし2

ざわざわ

こんなとき……

会場がざわざわして落ち着かない。

開演前の映画館やライブ会場など、大勢が集まり、ざわついている様。声や動作音の重なり合いがノイズになります。

心に響く言いまわし3

けたたましい

こんなとき……

けたたましくサイレンの音が鳴る。

人を驚かせるような慌ただしい様子。突然大きな音や声の起きる様も言います。**やかましい**、**騒々しい**、も同じ。

心に響く言いまわし4

耳（みみ）をつんざく

こんなとき……

飛行機のエンジン音が耳をつんざく。

非常に大きな音のとどろく様を言います。「つんざく」は激しく突き破ったり、引き裂いたりすることの意。

「堅苦しい」「窮屈」

のびのびできない気持ちを

偉い人ばかりのパーティに、たった一人で参加しているときのような、堅苦しい雰囲気を伝える言葉を集めました。肩のこる、窮屈な状況です。

心に響く言いまわし1

息（いき）が詰（つ）まる

こんなとき……

息が詰まりそうな場面。

極端に緊張して息が苦しくなる様。重い雰囲気の場や重大な発表を待つなど、極度の緊張を強いられるような状況に。

心に響く言いまわし2

格（かく）式（しき）ばる

こんなとき……

格式ばった挨拶をする。

昔からの礼儀作法を重んじて堅苦しく振る舞うこと。「〜った門構え」など、物に用いることもあります。

心に響く言いまわし3

鹿（しか）爪（つめ）らしい

こんなとき……

鹿爪らしい表情で話す。

形式的で堅苦しい様。もっともらしく、まじめくさっている様子です。ちなみに「鹿爪」という漢字は当て字。

心に響く言いまわし4

気（き）づまり

こんなとき……

知らない人が多くて気づまりだった。

窮屈に感じること。気持ちがのびのびしないこと。うまく表せない「胸のつかえ」を、こんな言葉で表現してみては。

「報われない」「コスパが悪い」

リターンがない不満

頑張っているのに全然報われない、損ばかりしている。日本語には、そんな状況を簡潔に言い表す表現がいくつもあります。

その中から代表的なものを選んで紹介します。ここにあげる、日常会話ではあまり使われないような文章語は、知っておいて損はないはずです。

心に響く言いまわし1

間尺(ましゃく)に合(あ)わない

こんなとき……

この条件は間尺に合わない。

割に合わない。損である。「間(けん)」と「尺(しゃく)」は長さの単位で、家屋などの寸法を測るときに使われていました。それが計算や損得の割合に例えられ「間尺が合わない→割に合わない」の意味になりました。

心に響く言いまわし2

割に合わない

こんなとき……

割に合わない取引を続けるわけにはいかない。

損得が釣り合わないこと。苦労しても効果が得られず損する、の意。**割を食う**、**引き合わない**、も同じ。「割」は、損得の割合を意味しています。苦労した甲斐があることは**割に合う**、と言います。

心に響く言いまわし3

徒労

こんなとき……

復帰を何度も掛け合ったのに徒労に終わった。

無駄なことに力を費やすこと。苦労してやったことが役に立たない、報われないこと。**無駄骨**、も同じ。骨を折ったことが無駄に終わるさまを**徒労に帰す**、あるいは**水泡に帰す**、などと表現します。

心に響く言いまわし4

労多くして功少なし

こんなとき……

プロジェクトは労多くして功少なしだった。

苦労が多い割には得られる効果が少ない、ということ。まさに「コスパが悪い」ことです。「労」は骨折りを、「功」はききめを意味します。なお、苦労したのに効果がまったくないことは**労して功なし**。

「古くさい」「時代遅れ」

時を経た物、人、空間を感じる

「古くさい」のか「古風」なのか。古いものに対する視線や評価で、適切な言いまわしが変わってきます。書き手の感受性も問われそうです。

心に響く言いまわし1

時代(じだい)がかる

こんなとき……

やけに時代がかった家並みが続く。

古風でいかにも古くさく感じられること。また、古めかしくて大げさな感じであること、の意。**時代めく、**も同じ。

心に響く言いまわし2

年季(ねんき)が入(はい)る

こんなとき……

年季が入った車に乗っている。

長年の修行で技芸などに熟達していること。よく使い込まれた物に愛着や風合いを感じて、好意的に用いる場合も。

心に響く言いまわし3

旧弊(きゅうへい)

こんなとき……

祖父の旧弊なやり方は無理がある。

古い習慣の弊害。古い考え方にとらわれること。「〜な人」と言うと、昔気質の頑固な人柄をイメージさせます。

心に響く言いまわし4

古色蒼然(こしょくそうぜん)

こんなとき……

古色蒼然とした城下町の様子。

いかにも古くさく見える様子。ただし、ネガティブな文脈というより、古風な趣を好意的に評する場面で使われます。

不平・不満

「下手(へた)」「未熟」「モタモタ」

耳障りな言葉の印象を一新

「下手」や「未熟」といった、ネガティブな言いまわしを避けて、味わいのある言葉に言い換えます。こうした表現なら、受け手の印象がグッとよくなります。

心に響く言いまわし1

拙(つたな)い

こんなとき……

拙い英語で会話をしました。

能力や技術が劣っていて未熟である様。半人前。自分について謙遜するときによく使われます。**拙劣(せつれつ)**、**稚拙(ちせつ)**、も同じ。

心に響く言いまわし2

ぎこちない

こんなとき……

ぎこちない手つきで料理する。

十分に慣れ切っていないこと。緊張で動作や言葉が不自然なこと。初心者や新人の挙動について表現するときなどに。

心に響く言いまわし3

たどたどしい

こんなとき……

作業の手つきがたどたどしい。

自信がなかったり未熟だったりして、動作や言動が滑らかでない様。危なっかしい様子です。**おぼつかない**、も同じ。

心に響く言いまわし4

粗削(あらけず)り

こんなとき……

まだまだ粗削りなチームです。

十分に仕上がっていない。洗練されていない。「まだ～だが」など、今後の可能性に期待する場面でも使われます。

あ

※太字は基本の言葉です

い

う

か

き

く

け

こ

す

せ

つ

て

と

の

は

ひ

ふ

へ

ほ

参考文献

『大辞林』第三版　（三省堂）
『新明解古語辞典』　（三省堂）
『角川新版 古語辞典』（角川書店）
『新歳時記』増訂版　（三省堂）
『和のことばの使い方』吉田裕子 監修（朝日新聞出版）
『日本の大和言葉を美しく話す』高橋こうじ（東邦出版）
『感情ことば選び辞典』学研辞典編集部（学研）
『和の感情ことば選び辞典』学研辞典編集部（学研）

日本の言葉研究所
（にほんのことばけんきゅうじょ）

古語、現代語―日本語に関心を持つ者たちの集団。ワークショップ、研究会などを不定期で開催する。
野口敏監修『こんな時どう言う!? 得するモノの言い方』、吉田裕子監修『心に響く 和のことばの使い方』（朝日新聞出版）、松村賢治監修『暦のある暮らし』（大和書房）、『覚えておきたい美しい大和言葉』『覚えておきたい日本の美しい季節の言葉』（だいわ文庫）などの執筆に携わる。

＊本作品は、当文庫のための書き下ろしです。

「感情が伝わる」言葉の辞典

著者　日本の言葉研究所

二〇二〇年三月一五日第一刷発行

発行者　佐藤　靖
発行所　大和書房
東京都文京区関口一―三三―四　〒一一二―〇〇一四
電話　〇三―三二〇三―四五一一

フォーマットデザイン　鈴木成一デザイン室
本文デザイン　三木俊一（文京図案室）
本文印刷　厚徳社
カバー印刷　山一印刷
製本　ナショナル製本

ISBN978-4-479-30805-8
乱丁本・落丁本はお取り替えいたします。
http://www.daiwashobo.co.jp